定期テスト **ズバリよくでる** 英語 1年

JN125662

もくじ

取り外してお使いください 赤シート+直前チェックBOOK,別冊解答

※全国の定期テストの標準的な出題範囲を示しています。学校の学習進度とあわない場合は,「あなたの学校の出題範囲」欄に出題範囲を書きこんでお使いください。

Step 1 基本チェック　Starter 1 / Lesson 1 About Me ～文法のまとめ①

10分

■ 赤シートを使って答えよう！

❶ [私／あなたは…です。]

解答欄

□❶ 私はカナです。

　　[I][am] Kana.

□❷ あなたはサッカーが得意です。

　　[You][are] good at soccer.

□❸ あなたはオーストラリア出身ですか。

　　── はい，そうです。

　　　　／いいえ，そうではありません。

　　[Are][you] from Australia?

　　── Yes, [I][am].

　　　　/ No, [I][am][not].

□❹ 私は美術部に入っていません。

　　I [am][not] in the art club.

□❺ あなたはアニメファンではありません。

　　You [are][not] an anime fan.

❶
❷
❸
❹
❺

POINT

❶ [私／あなたは…です。(be動詞 am / are)]

「私は…です。」→〈主語 (I) + be動詞 (am) ....〉

「あなたは…です。」→〈主語 (You) + be動詞 (are) ....〉

【be動詞の使い分け】

主語	be動詞
I	am
you	are

肯定文 ・I am Tanaka Hana.　[私は田中花です。]

　　　　└ 文の最初の文字は必ず大文字で書く　※Iは文の途中でも大文字で書く

　　　・You are a dancer.　[あなたはダンサーです。]

　　　　　　　　　└ 文の終わりにはピリオド (.) をつける

疑問文 ・Are you a baseball fan?　[あなたは野球のファンですか。]

　　　　└ 主語の前にbe動詞を出す　└ 質問する文の終わりにはクエスチョンマーク (?) をつける

応答文 ── Yes, I am. / No, I am not.　[はい，そうです。／いいえ，そうではありません。]

　　　　　　　　　　　　└ 短縮形はI'm not

否定文 ・I am not good at the guitar.

　　　　　└ be動詞の後ろにnotを置く

　　　[私はギターが得意ではありません。]

　　　・You are not in a band.

　　　[あなたはバンドに入っていません。]

【短縮形】

主語 + be動詞	I am → I'm
	you are → you're
be動詞 + not	are not → aren't

※ am notの短縮形はない

ズバリよくでる→直前

チェック BOOK

■ テストに**ズバリよくでる**！
■ **重要単語・重要文**を掲載！

英語

三省堂版
1年

赤
シートで
何度でも！

✓ 重要語 チェック 英単語を覚えましょう。

[Starter]

□月；ひと月（間）	名month
□1月	名January
□2月	名February
□3月	名March
□4月	名April
□5月	名May
□6月	名June
□7月	名July
□8月	名August
□9月	名September
□10月	名October
□11月	名November
□12月	名December
□1番目（の）	名形first
□2番目（の）	名形second
□3番目（の）	名形third
□4番目（の）	名形fourth
□5番目（の）	名形fifth
□6番目（の）	名形sixth
□7番目（の）	名形seventh
□8番目（の）	名形eighth
□9番目（の）	名形ninth
□10番目（の）	名形tenth
□11番目（の）	名形eleventh
□12番目（の）	名形twelfth
□13番目（の）	名形thirteenth
□日曜日	名Sunday
□月曜日	名Monday

□火曜日	名Tuesday
□水曜日	名Wednesday
□木曜日	名Thursday
□金曜日	名Friday
□土曜日	名Saturday
□教科	名subject
□英語	名English
□数学	名math
□勉強する，研究する	動study

[Lesson 1]

□ダンサー	名dancer
□のどのかわいた	形thirsty
□水泳選手，泳ぐ人	名swimmer
□スキーヤー	名skier
□毎…，…ごとに	形every
□住んでいる	動live
□市	名city
□今は	副now
□とても	副much
□カメ	名turtle
□…先生	名Ms.
□漫画の本	名comic
□（スポーツ・映画などの）ファン	名fan
□（音楽の）ロック	名rock
□浴室	名bathroom
□台所；〔形容詞的〕台所用の	名kitchen
□（鉛筆・ペン・クレヨンなどで絵などを）かく	動draw

2

□絵画, 絵；写真	名picture	□人物, 登場人物	名character
□(ある行動を)する, とる, (写真・コピー・記録などを)とる	動take	□(俳優などの)動き, 演技, 動作	名action
□興味を持った	形interested	□劇場；〔おもに米〕映画館	名theater
□知っている	動know	□中国人, 中国語	名Chinese
□いくつかの	形any	□使う, 使用する, 利用する	動use
□歌	名song	□ヒップホップ	名hip-hop
□しばしば	副often	□ときどき	副sometimes
□スポーツ	名sport	□ショー	名show
□音楽	名music	□来る	動come
□ことば, 単語	名word	□…を必要とする	動need
□バンド, 楽団	名band	□チケット	名ticket
□興奮した, わくわくした	形excited	□…先生	名Mr.
□ピアニスト；ピアノをひく人	名pianist	□水泳	名swimming
□ギター奏者, ギタリスト	名guitarist	□体操	名gymnastics
□(バンドの)ドラマー, ドラム奏者	名drummer	□趣味	名hobby
		□(文学・芸術など)古典主義の；古典的な	形classical

✓ **重要文** チェック 日本語を見て英文が言えるようになりましょう。

[Starter]

□私は7時に起きます。	I <u>get up</u> at seven.
□私は8時に家を出ます。	I <u>leave home</u> at eight.
□私は5時に帰宅します。	I <u>get home</u> at five.
□私は6時に宿題をします。	I <u>do my homework</u> at six.
□私は8時に入浴します。	I <u>take a bath</u> at eight.
□私は10時に寝ます。	I <u>go to bed</u> at ten.

[Lesson 1]

□私は田中花です。
I <u>am</u> Tanaka Hana.

□私は元気です。
I <u>am</u> fine.

□私は中国出身です。
I <u>am</u> from China.

□私はダンサーです。
I <u>am</u> a dancer.

□あなたはダンサーです。
<u>You</u> <u>are</u> a dancer.

□私はテニスをします。
I <u>play</u> tennis.

□私はバスケットボールが好きです。
I <u>like</u> basketball.

□私は英語の授業があります。
I <u>have</u> an English lesson.

□私は毎日英語を勉強します。
I <u>study</u> English every day.

□あなたはスポーツが好きです。
You <u>like</u> sports.

□あなたは野球のファンですか。
<u>Are</u> <u>you</u> a baseball fan<u>?</u>

□あなたはバスケットボール部に
　入っていますか。
<u>Are</u> <u>you</u> in the basketball club<u>?</u>

□あなたはクラブに入っていますか。
<u>Are</u> <u>you</u> in a club<u>?</u>

□あなたは料理が得意ですか。
<u>Are</u> <u>you</u> good at cooking<u>?</u>

　──はい，そうです。／いいえ，
　そうではありません。
── <u>Yes</u>, <u>I</u> <u>am</u>. / <u>No</u>, <u>I</u> <u>am</u> <u>not</u>.

□あなたはロックを演奏しますか。
<u>Do</u> <u>you</u> play rock<u>?</u>

□あなたは音楽が好きですか。
<u>Do</u> <u>you</u> like music<u>?</u>

□あなたはスポーツが好きですか。
<u>Do</u> <u>you</u> like sports<u>?</u>

□あなたは日本食を食べますか。
<u>Do</u> <u>you</u> eat Japanese food<u>?</u>

　──はい，食べます。／いいえ，
　食べません。
── <u>Yes</u>, <u>I</u> <u>do</u>. / <u>No</u>, <u>I</u> <u>do</u> <u>not</u>.

□私はギターが得意ではありませ
　ん。
I am <u>not</u> good at the guitar.

□私はバンドに入っていません。
I am <u>not</u> in a band.

□私はアニメのファンではありま
　せん。
I am <u>not</u> an anime fan.

4

□私はアニメに興味を持っていません。	I am <u>not</u> interested in anime.
□あなたはバンドに入っていません。	You are <u>not</u> in a band.
□私は野球をしません。	I <u>do not</u> play baseball.
□私はその人物を知りません。	I <u>do not</u> know the character.
□私はアクション映画が好きではありません。	I <u>do not</u> like action movies.
□私は映画館へ行きません。	I <u>do not</u> go to theaters.
□あなたは映画館へ行きません。	You <u>do not</u> go to theaters.
□私は英語に興味があります。	I <u>am interested in</u> English.
□私はクラシック音楽が好きです。	I like <u>classical music</u>.
□私は毎週日曜日に映画を見に来ます。	I <u>come and see</u> movies every Sunday.
□あなたは毎日サッカーをします。	You play soccer <u>every day</u>.
□私は水泳が得意です。	I <u>am good at</u> swimming.
□私はその日本語のことばを知っています。	I know the <u>Japanese words</u>.
□私はピアノをひきます。	I <u>play the piano</u>.
□あなたはポピュラー音楽が好きです。	You like <u>pop music</u>.
□私は毎日バレーボールを練習します。	I <u>practice volleyball</u> every day.
□私は漫画を読みます。	I <u>read comics</u>.
□私は写真を撮ります。	I <u>take a picture</u>.
□私は音楽がとても好きです。	I like music <u>very much</u>.

[GET Plus 1]

□あなたはどんな食べものが好きですか。	<u>What</u> food <u>do you like</u>?
——私はおにぎりが好きです。	—— I like rice balls.

5

教pp.37〜48

✓重要語チェック 英単語を覚えましょう。

[Lesson 2]

□canの否定形	助cannot
□(オーブンで)焼く	動bake
□(距離が)遠くに，遠く	副far
□スケートをする	動skate
□…の	前of
□おもな	形main
□切る	動cut
□すばやく	副quickly
□包丁	名knife
□彼の	代his
□助手	名assistant
□(手品などの)トリック，	名trick
たくらみ	
□スペイン語(人)	名Spanish

□書く，文字〔文章〕を書く	動write
□つかまえる，捕る，	動catch
捕らえる	
□送る	動send
□映像	名video
□もちろん	副sure
□ここて	副here
□とても	副so
□バレエ	名ballet

[GET Plus 2]

□いくつかの，いくらかの	形some
□1000(の)	名thousand
□カンガルー	名kangaroo
□タカ	名hawk

✓重要文チェック 日本語を見て英文が言えるようになりましょう。

[Lesson 2]

□私はプリンを作ることができます。	I <u>can</u> make pudding.
□彼女は速く走ることができます。	She <u>can</u> run fast.
□彼は上手に木に登ることができます。	He <u>can</u> climb trees well.
□私はクッキーを焼くことができません。	I <u>cannot</u> bake cookies.
□彼女は高くとぶことができません。	She <u>cannot</u> jump high.
□彼は上手に泳ぐことができません。	He <u>cannot</u> swim well.
□あなたは踊ることができますか。	<u>Can</u> you dance?
□あなたはギターをひくことができますか。	<u>Can</u> you play the guitar?
□あなたはけん玉の技をすることができますか。	<u>Can</u> you do *kendama* tricks?

──はい，できます。／いいえ，できません。	── Yes, I <u>can</u>. / No, I <u>cannot</u>.
□あなたは上手にボールを捕ることができます。	You can <u>catch the ball</u> well.
□私は木に登ることができます。	I can <u>climb trees</u>.
□彼は山に登ることができます。	He can <u>climb mountains</u>.
□私は日本食を作ることができます。	I can <u>cook Japanese food</u>.
□あなたはバレエを踊ることができます。	You can <u>dance ballet</u>.
□あなたは上手にドリブルすることができます。	You can <u>dribble well</u>.
□私は高くとぶことができます。	I can <u>jump high</u>.
□彼女は遠くへとぶことができます。	She can <u>jump far</u>.
□彼は上手にボールをけることができます。	He can <u>kick the ball</u> well.
□彼女はスペイン語を読むことができます。	She can <u>read Spanish</u>.
□私は一輪車に乗ることができます。	I can <u>ride a unicycle</u>.
□彼は馬に乗ることができます。	He can <u>ride a horse</u>.
□彼は速く走ることができます。	He can <u>run fast</u>.
□あなたは上手にドラムを演奏します。	You <u>play the drums</u> well.
□彼は上手に歌うことができます。	He can <u>sing well</u>.
□彼女は上手にスケートをすることができます。	She can <u>skate well</u>.
□彼は上手にスキーをすることができます。	He can <u>ski well</u>.
□あなたは速く泳ぐことができます。	You can <u>swim fast</u>.
□私はヘビにさわることができます。	I can <u>touch snakes</u>.
□あなたはカメにさわることができます。	You can <u>touch turtles</u>.
□私はスペイン語を書くことができます。	I can <u>write Spanish</u>.

[GET Plus 2]

□あなたはチョウが何匹見えますか。	<u>How many</u> butterflies do you see?
── 6匹見えます。	── I see six butterflies.

✓ 重要語 チェック 英単語を覚えましょう。

[Lesson 3]

□親愛なる	形 dear
□ヒンディー語	名 Hindi
□やさしい	形 easy
□学ぶ	動 learn
□あなたのもの	代 yours
□ハツカダイコン	名 radish
□キツネ	名 fox
□クラスメイト，同級生	名 classmate
□扇	名 fan
□苦い	形 bitter
□味	名 taste
□山	名 mountain
□高い	形 high
□登る	動 climb
□人々	名 people
□彼(女)らの	代 their
□願い	名 wish
□面	名 side
□みやげ物	名 souvenir
□ホテル	名 hotel
□推測する	動 guess
□(ふつう封筒に入った)手紙	名 letter
□床；(海などの)底	名 floor
□城	名 castle
□寺	名 temple
□公園	名 park
□有名な	形 famous
□人気のある	形 popular

□混んでいる	形 crowded
□彼を，彼に	代 him
□(おとなの)女性	名 woman
□womanの複数形	名 women
□彼女を，彼女に；彼女の	代 her
□上演者，噺家	名 performer
□演じる，演奏する	動 perform
□週末，ウイークエンド	名 weekend
□マスコット	名 mascot
□または，あるいは，それとも	接 or
□芸能人	名 entertainer
□かっこいい	形 cool
□おもしろい	形 funny
□元気のいい	形 cheerful

[Take Action! 1]

□色	名 color
□赤(の)	名形 red
□青(い)	名形 blue
□ドル	名 dollar
□鍵	名 key
□くさり	名 chain
□無料の	形 free
□同じ，同一の；よく似た	形 same
□(…も)また	副 too
□(じっと)聞く，耳を傾ける	動 listen

[Project 1]

□…のように，…のような	前 like
□…もまた；さらに	副 also
□言葉，ことば	名 language

8

☑ 重要文 チェック 日本語を見て英文が言えるようになりましょう。

[Lesson 3]

□これはドレスです。	This <u>is</u> a dress.
□あれは野球のバットです。	That <u>is</u> a baseball bat.
□これはドレスではありません。	This <u>is</u> <u>not</u> a dress.
□あれは野球のバットではありません。	That <u>is</u> <u>not</u> a baseball bat.
□これはわかば神社ですか。	<u>Is</u> <u>this</u> Wakaba Shrine?
──はい, そうです。／いいえ, そうてはありません。	── Yes, <u>it</u> <u>is</u>. / No, <u>it</u> <u>is</u> <u>not</u>.
□これは何ですか。―それは図書館です。	<u>What</u> is this? ── <u>It</u> is a library.
□こちらはわかばくんです。私は彼が好きです。	This is Wakaba-kun. I like <u>him</u>.
□この女性はだれですか。	<u>Who</u> is this woman?
──彼女は真紀子です。	── <u>She</u> is Makiko.
□なるほど。	<u>I</u> <u>see</u>.
□彼はサッカー選手です。	He is a <u>soccer</u> <u>player</u>.

[Take Action! 1]

□あなたは無料で昼食を食べることがてきます。	You can eat lunch <u>for</u> <u>free</u>.
□ちょっと聞いて。	<u>Guess</u> <u>what</u>!
□私はキーホルダーを持っています。	I have a <u>key</u> <u>chain</u>.
□聞いて。	<u>Listen</u>.
□私も。	<u>Me</u>, <u>too</u>.
□ほんと。	<u>Really</u>?
□あなたは10ドル持っています。	You have <u>ten</u> <u>dollars</u>.
□それはすごいですね。	<u>That's</u> <u>great</u>.
□それはいいですね。	<u>That's</u> <u>nice</u>.
□ねえ知ってる？	<u>You</u> <u>know</u> <u>what</u>?

[Project 1]

□私は幸太と友達です。	I'm <u>friends</u> <u>with</u> Kota.

9

Lesson 4 My Family, My Hometown ~ GET Plus 3

教 pp.69~82

✓重要語チェック 英単語を覚えましょう。

[Lesson 4]

□家族；家族の者たち	名 family
□ふるさと，故郷	名 hometown
□これらのもの〔人〕	代 these
□親，〔parents〕両親	名 parent
□彼〔彼女〕らは〔が〕，それらは〔が〕	代 they
□スコットランド	名 Scotland
□(車を)運転する	動 drive
□そこに，そこで	副 there
□(人に知識・技術・教科などを)教える	動 teach
□それらは〔が〕，あれらは〔が〕	代 those
□生徒，学生	名 student
□doの三人称・単数・現在形	動助 does
□haveの三人称・単数・現在形	動助 has
□バグパイプ	名 bagpipes
□伝統的な	形 traditional
□彼(女)らを〔に〕；それらを〔に〕	代 them
□楽器	名 instrument
□…のものである，…に所属している	動 belong
□大学	名 college
□ページ	名 page
□ペット	名 pet
□クリケット	名 cricket
□くつ	名 shoe
□(時間的・時期的に)早く；早めに	副 early
□場所	名 place
□塔	名 tower
□持っている	動 hold
□鐘	名 bell

□メロディー	名 melody
□1時間	名 hour
□聞こえる	動 hear
□身につけている	動 wear
□別の	形 another
□奇術の	形 magic
□ほかの人	代 other
□のように	前 as
□像	名 statue
□(人間・動物・物の)年齢	名 age
□(能力・地位などの)水準	名 level
□(賃金・点数・温度・速度などが)低い	形 low
□(各クラスの)ホームルーム	名 homeroom
□近所の人	名 neighbor
□夕方，晩	名 evening

[Take Action! 2]

□話す，しゃべる，話をする	動 talk
□携帯電話	名 mobile phone
□…じゅうずっと	前 during
□予定	名 plan
□きょう(は)	名副 today
□始める；始まる	動 start
□…時	副 o'clock
□あとで，のちほど	副 later

[GET Plus 3]

□どちらを，どれを	代 which
□おだやかな；(味が)まろやかな	形 mild
□(肉が)生焼けの，レアの	形 rare

10

□弱い；(液体などが)薄い 形weak
□水分がたっぷりの, 形juicy
　おいしそうな

□ぱりぱり(かりかり, さくさく)した 形crisp
□ねばねばする, べとべとする 形sticky
□クリームのような 形creamy

✓ 重要文 チェック 日本語を見て英文が言えるようになりましょう。

[Lesson 4]

□美紀はテニスをします。
□美紀はテニスをしますか。
　── はい, します。／いいえ,
　しません。

□美紀はテニスをしません。
□私は学校で数学を勉強します。
□私は音楽クラブに所属しています。
□私は毎日サッカーの練習に行きます。
□私はペットを飼っています。
□あなたはどうですか。
□サッカーをする生徒もいれば,
　野球をする生徒もいます。
□私は毎週日曜日に映画を見ます。
□あなたは何時に昼食を食べますか。

Miki <u>plays</u> tennis.
<u>Does</u> Miki play tennis?
── Yes, she <u>does</u>. / No, she <u>does</u>
<u>not</u>.
Miki <u>does</u> <u>not</u> play tennis.
I study math <u>at</u> <u>school</u>.
I <u>belong</u> <u>to</u> the music club.
I <u>go</u> <u>to</u> <u>soccer</u> <u>practice</u> every day.
I <u>have</u> <u>a</u> <u>pet</u>.
<u>How</u> <u>about</u> <u>you</u>?
<u>Some</u> students play soccer, <u>others</u>
play baseball.
I <u>watch</u> <u>movies</u> every Sunday.
<u>What</u> <u>time</u> do you eat lunch?

[Take Action! 2]

□あなたはいつでも私に会うことができます。
□演技中に写真を撮らないでくだ
　さい。

□お知らせがあります。
□席で電話を使わないでください。
□まさか！

You can see me <u>at</u> <u>any</u> <u>time</u>.
Don't take pictures <u>during</u> <u>the</u>
<u>performances</u>.
<u>Here</u> <u>is</u> <u>a</u> <u>reminder</u>.
Don't use your phone <u>in</u> <u>your</u> <u>seat</u>.
<u>Oh</u> <u>no</u>!

[GET Plus 3]

□いちごとレモン, どちらがほしい
　ですか。── レモンがほしいです。

<u>Which</u> do you want, strawberry <u>or</u>
lemon?── I <u>want</u> lemon.

11

✓ 重要語 チェック 英単語を覚えましょう。

[Lesson 5]

□生活，暮らし	名life
□選ぶ，選択する	動choose
□自分(自身)の	形own
□授業	名class
□違った，別の；いろ 形different いろな，様々な	
□(学校の)時間割	名schedule
□フルート	名flute
□持っている，運ぶ	動carry
□眠る，睡眠をとる	動sleep
□(物を)持ってくる， (人を)連れてくる	動bring
□カフェテリア	名cafeteria
□メキシコ	名Mexico
□ポスター	名poster
□ラジオ	名radio
□こと	名thing
□…のあとに	前after
□働く	動work
□ボランティア	名volunteer
□子ども	名child
□childの複数形	名children
□かわいい	形lovely
□次の	形next
□投げる	動throw
□短距離走	名sprint
□チーム	名team
□Eメール	名e-mail
□だれでも，みんな	代everyone

[Take Action! 3]

□魔法の	形magic
□…を助ける	動help
□ふたごの	形twin
□魔法使い	名wizard
□力	名power
□(問題などを)解決す る，解く	動solve
□問題；やっかいなこと	名problem
□いっしょに	副together
□〔許可〕…してもよい	助may
□デザイン，図案；設 計，設計図	名design
□それなら，その場合 には，そうすると	副then
□提案する	動suggest
□完全な，申し分ない	形perfect

[GET Plus 4]

□だれの	代whose
□私のもの	代mine
□彼(女)らのもの；そ れらのもの	代theirs
□彼女のもの	代hers
□私たちのもの	代ours
□教科書	名textbook
□(学習用)ワークブック	名workbook
□辞典，辞書	名dictionary
□びん	名bottle

✓ 重要文 チェック 日本語を見て英文が言えるようになりましょう。

[Lesson 5]

□トムは今，数学を勉強しています。　Tom <u>is</u> <u>studying</u> math now.

□トムは今，数学を勉強していま　<u>Is</u> Tom <u>studying</u> math now?
　すか。

　──はい，しています。／いい　── Yes, he <u>is</u>. / No, he <u>is</u> <u>not</u>.
　え，していません。

□私は放課後に柔道を練習します。　I practice judo <u>after</u> <u>school</u>.

□私は今，体育の授業中です。　I <u>am</u> <u>in</u> P.E.　class now.

□彼女は写真を持っています。　She is <u>holding</u> <u>a</u> <u>picture</u>.

□私は毎日音楽を聞きます。　I <u>listen</u> <u>to</u> <u>music</u> every day.

□私はポスターを見ています。　I am <u>looking</u> <u>at</u> <u>a</u> <u>poster</u>.

□彼は学校で数学を勉強します。　He <u>studies</u> <u>math</u> at school.

□彼女はジョンと話しています。　She is <u>talking</u> <u>with</u> John.

[Take Action! 3]

□その男の子は特別な力を持って　The boy has <u>a</u> <u>special</u> <u>power</u>.
　います。

□この帽子はどうですか。　<u>How</u> <u>about</u> this cap?

□私はあの絵が好きではありませ　<u>I</u> <u>don't</u> <u>like</u> that picture.
　ん。

□私はこの映画をおすすめします。　<u>I</u> <u>suggest</u> this movie.

□それは大きすぎます。　<u>It's</u> <u>too</u> big.

□私はかばんを探しています。　I am <u>looking</u> <u>for</u> a bag.

□いらっしゃいませ。　<u>May</u> <u>I</u> <u>help</u> <u>you</u>?

　──はい，お願いします。　── <u>Yes</u>, <u>please</u>.

□その生徒たちはいっしょに問題　The students <u>solve</u> <u>problems</u>
　を解決します。　<u>together</u>.

[GET Plus 4]

□これはだれの鍵ですか。　<u>Whose</u> key is this?

　──陸のものです。　── It's Riku's.

13

✓ 重要語 チェック 英単語を覚えましょう。

[Lesson 6]

□発見する	動discover
□参加する，加わる	動join
□(重要な)出来事；行事	名event
□haveの過去形	動had
□体験，経験	名experience
□たくさん；たいへん	名lot
□(時間的に)この前 の；最近の	形last
□温泉	名hot spring
□景色	名view
□ピクニック	名picnic
□そうじ機	名cleaner
□歴史；経歴	名history
□落とす；落ちる	動drop
□さいふ，札入れ	名wallet
□buyの過去形	動bought
□doの過去形	動助did
□観光，見物	名sightseeing
□ブログ	名blog
□かわいい，きれいな	形pretty
□スカーフ；えり巻き	名scarf
□ペンギン	名penguin
□takeの過去形	動took
□ぶら下げる	動hang
□勝つ，受賞する	動win
□試合	名match
□きのう(は)	副yesterday
□(今から)…前に	副ago

□週，1週間	名week
□sayの過去形	動said
□言う	動say
□死ぬ	動die
□戦争	名war
□思い出す	動remember
□祈る	動pray
□平和	名peace
□すべてのもの，すべての	代形all
□階段	名step
□待つ	動wait
□太い	形thick
□makeの過去形	動made
□いとこ	名cousin
□swimの過去形	動swam
□おじ	名uncle
□teachの過去形	動taught

[Take Action! 4]

□紙で作った，紙の	形paper
□受け持ち，責任	名charge
□すでに，もう	副already
□許す	動excuse

[Project 2]

□その，それの	代its
□種類	名kind
□内側に	前inside
□庭；庭園；畑；菜園	名garden
□穏やかな，静かな	形calm
□地域の，その地方の	形local

✓ 重要文 チェック 日本語を見て英文が言えるようになりましょう。

[Lesson 6]

□エイミーはこの前の日曜日にカラオケを楽しみました。
Amy <u>enjoyed</u> *karaoke* last Sunday.

□エイミーは昨年，広島へ行きました。
Amy <u>went</u> to Hiroshima last year.

□エイミーはこの前の日曜日にカラオケを楽しみましたか。
<u>Did</u> Amy <u>enjoy</u> *karaoke* last Sunday?

──はい，楽しみました。／いいえ，楽しみませんでした。
── Yes, she <u>did</u>. / No, she <u>did</u> <u>not</u>.

□エイミーはこの前の日曜日にカラオケを楽しみませんでした。
Amy <u>did</u> <u>not</u> enjoy *karaoke* last Sunday.

□私はたくさん勉強しました。
I studied <u>a</u> <u>lot</u>.

□彼は橋を渡りました。
He <u>crossed</u> <u>the</u> <u>bridge</u>.

□あなたは夜景を見ることができます。
You can <u>see</u> <u>the</u> <u>view</u> <u>at</u> <u>night</u>.

□私はこの前の日曜日，試合に出ました。
I <u>played</u> <u>in</u> <u>a</u> <u>game</u> last Sunday.

□彼女は上手にクッキーを焼きます。
She <u>bakes</u> <u>cookies</u> well.

□彼は日曜日にはぶらぶらと過ごします。
He <u>hangs</u> <u>out</u> on Sunday.

□この映画は私を感動させました。
This movie <u>touched</u> <u>my</u> <u>heart</u>.

□私たちは北海道へ旅行しました。
We <u>took</u> <u>a</u> <u>trip</u> <u>to</u> Hokkaido.

□私は彼のお母さんに初めて会いました。
I saw his mother <u>for</u> <u>the</u> <u>first</u> <u>time</u>.

[Take Action! 4]

□この誕生日カードを見て。
Look at this <u>birthday</u> <u>card</u>.

□彼が食べ物の担当です。
He is <u>in</u> <u>charge</u> <u>of</u> the food.

□すみません。
<u>Excuse</u> <u>me</u>.

□あなたは紙皿をいくつか持っていますか。
Do you have any <u>paper</u> <u>plates</u>?

□まっすぐ行ってください。
<u>Go</u> <u>straight</u>.

□図書館にはどのようにして行くことができますか。
<u>How</u> <u>can</u> <u>I</u> <u>get</u> <u>to</u> the library?

□それはあなたの右側にあります。
<u>It's</u> <u>on</u> <u>your</u> <u>right</u>.

□郵便局を左に曲がってください。
<u>Turn</u> <u>left</u> <u>at</u> the post office.

□あなたの家はどこですか。
<u>Where's</u> your house?

15

✓ 重要語 チェック 英単語を覚えましょう。

[Lesson 7]

□(テニスやバスケットなどの)コート	图court
□だれでも，みんな	代everybody
□shootの過去形	動shot
□撃つ，射る；シュートする	動shoot
□…あった，…でした，…だった	動were
□驚くべき，みごとな	形amazing
□drawの過去形	動drew
□getの過去形	動got
□loseの過去形	動lost
□負ける	動lose
□チームメイト	图teammate
□退屈な，うんざりさせる	形boring
□難しい，困難な；苦しい，厳しい	形difficult
□機会を逃す	動miss
□電話(をする〔がある〕こと)	图call
□中心；…センター	图center
□(…に)聞こえる〔思える〕	動sound
□取り替える；乗り換える	動change
□〔変化〕…(の状態)に(なって〔変わって〕)	前into
□パジャマ	图pajamas
□波乗りする；(インターネットの)サイトを見て回る	動surf
□digital video diskの略	图DVD
□ベンチ，長いす	图bench
□ゆっくり走る，ジョギングする	動jog
□それでも	副still

□足	图foot
□footの複数形	图feet
□状態	图condition
□canの過去形	助could
□これ以上	副anymore
□…に対抗して	前against
□オーストラリアの	形Australian
□腕のいい	形skillful
□満ちた	形full
□(心身の)力	图energy
□常に	副always
□(ある基準)より上で〔の〕	前above
□…が大好きである	動love
□心	图mind
□理解する	動realize
□国の	形national
□トップの	形top
□メッセージ	图message
□積極的な	形positive
□心構え	图attitude
□尊敬する	動respect
□世紀，100年	图century
□人物	图person
□winの過去形	動won
□賞，賞品	图prize
□情熱	图passion

[Take Action! 5]

□気落ちして	形depressed
□〔おもに米〕アイスホッケー	图hockey

16

□質問，問い 　　　图question
□聞き手；ラジオのリスナー 图listener
□〔of course〕もちろん，確かに 图course
□漫画家 　　　图cartoonist
□(出版物・番組など 图series
　の)シリーズ(物)

[GET Plus 5]
□子犬 　　　图puppy
□驚いた 　　　形surprised
□退屈した，うんざりした 形bored
□心配して，不安で； 形nervous
　自信のない

✓ 重要文 チェック 日本語を見て英文が言えるようになりましょう。

[Lesson 7]

□私の父はその時サッカーのファンでした。 My father <u>was</u> a soccer fan then.

□私の両親はその時サッカー選手でした。 My parents <u>were</u> soccer players then.

□私はその時テレビを見ていました。 I <u>was watching</u> TV then.

□何よりも，彼は日本食が好きなのです。 <u>Above all</u>, he likes Japanese food.

□私はパジャマに着替えました。 I <u>changed into pajamas</u>.

□彼はよく旅行に出かけます。 He often <u>goes on a trip</u>.

□彼女は夜に音楽を聞きます。 She <u>listens to music</u> at night.

□それは楽しそうに聞こえます。 It <u>sounds like fun</u>.

□どうしたの。 <u>What's up</u>?

□あなたはその問題を解決することができます。 You can <u>work out</u> the problem.

[Take Action! 5]

□これらは生徒からの質問です。 These are <u>questions from</u> students.

□もちろん。 <u>Of course</u>.

□私はそのシリーズを英語で持っています。 <u>I have the series in English</u>.

□私はルフィの大ファンです。 <u>I'm a big fan of Luffy</u>.

□あなたは何の漫画が好きですか。 <u>What manga do you like</u>?

□あなたの好きな漫画家はだれですか。 <u>Who's your favorite cartoonist</u>?

[GET Plus 5]

□あなたはうれしそうに見えます。 You <u>look</u> happy.

教pp.127〜143

✓ 重要語 チェック 英単語を覚えましょう。

[Lesson 8]

□赤ちゃん；〔形容詞的〕赤ちゃんの	名baby	□事態	名situation
□箸	名chopstick	□決定する	動decide
□…するでしょう，…(する)だろう	助will	□グループ	名group
□あした(は)，あす(は)	名副tomorrow	□摘む	動pick
□暖かい；温かい	形warm	□ハイキングする人	名hiker
□演説，スピーチ	名speech	□(おおぜいの前で)演ずる，行う	動give
□最後の	形final	□ウェブサイト	名website
□計画，企画	名project	□共有する	動share
□たぶん，…かもしれない	副maybe	□情報	名information
□晴れた	形sunny	□似ている	形similar
□雨が降る	動rain	□…のあちらこちら	前around
□とどまる，いる；滞在する	動stay	□私たちに	代us
□試験	名exam	□守る	動save
□(絵を)かく	動paint	□未来(の)，将来(の)	名形future
□象徴	名symbol	□世代	名generation
□後期の	形late	□減らす；減る	動reduce
□登山者	名climber	□ごみ	名trash
□増える	動increase	□再利用する，再生する	動recycle
□ごみ	名litter	□衣服	名clothes
□小道	名path	□(飲み物用の)ストロー	名straw
□leaveの過去形	動left	□約束	名promise
□残って	副behind	□〔theをつけて〕(自然)環境	名environment
□プラスチックの	形plastic	□付け加わったもの，付け加えること	名addition
□缶	名can	**[Take Action! 6]**	
□散らかった	形messy	□ほとんど，おおかた；もう少して	副almost
□feelの過去形	動felt	□祝日，休日	名holiday
□感じる	動feel	□(質や程度が)悪い，いやな	形bad
□腹を立てた	形upset	□もう一度，また	副again
		□許す	動pardon

18

[GET Plus 6]

□（ドア・窓などが）あく；あける	動open	
□窓	图window	
□〔theをつけて〕洗濯物	图laundry	
□食べ物を与える，えさを与える	動feed	
□（電気・水道などが）切れて，止まって	副off	

□光，明るさ；明かり 图light
□かぎをかける 動lock
□戸，ドア 图door
□答える，返事をする；応答する 動answer

[Project 3]
□giveの過去形 動gave

✓ 重要文 チェック 日本語を見て英文が言えるようになりましょう。

[Lesson 8]

□明日は寒くなるてしょう。 It <u>will</u> be cold tomorrow.
□明日は寒くなるてしょうか。 <u>Will</u> it be cold tomorrow?
　——はい，寒くなるてしょう。 —— Yes, it <u>will</u>. / No, it <u>will</u> <u>not</u>.
　／いいえ，寒くならないてしょう。

□明日は寒くならないてしょう。 It <u>will</u> <u>not</u> be cold tomorrow.
□私は明日，公園をそうじするつ I <u>am</u> <u>going</u> <u>to</u> clean the park
　もりです。 tomorrow.
□あなたは明日，公園をそうじす <u>Are</u> you <u>going</u> <u>to</u> clean the park
　るつもりですか。 tomorrow?
　——はい，そうじするつもりです。／い —— Yes, I <u>am</u>. / No, I <u>am</u> <u>not</u>.
　いえ，そうじするつもりてはありません。

□たとえば，私たちはゾウを見る <u>For</u> <u>example</u>, we can see an
　ことができます。 elephant.
□あさって，テニスをしましょう。 Let's play tennis <u>the</u> <u>day</u> <u>after</u>
 <u>tomorrow</u>.

[Take Action! 6]

□もう一度言ってもらえますか。 <u>Can</u> <u>you</u> <u>say</u> <u>that</u> <u>again</u>?
□聞こえませんでした。 <u>I</u> <u>didn't</u> <u>hear</u> <u>you</u>.

[GET Plus 6]

□ベッドを整えてくれませんか。 <u>Can</u> <u>you</u> make the bed?
　——はい，もちろん。 —— Yes, of course.

19

✓ 重要語 チェック 英単語を覚えましょう。

[Reading for Fun]

□突然	副suddenly
□runの過去形	動ran
□穴	名hole
□地面	名ground
□見えなくなる	動disappear
□ついていく	動follow
□fallの過去形	動fell
□thinkの過去形	動thought
□hitの過去形	動hit
□底	名bottom
□へい	名wall

□小さい	形little
□意味する	動mean
□意味	名meaning
□たずねる	動ask
□形	名shape
□ところで	副anyway
□ベルト	名belt
□ネクタイ	名tie
□注意深い	形careful
□sitの過去形	動sat
□叫ぶ	動cry
□ひどい	形terrible

✓ 重要文 チェック 日本語を見て英文が言えるようになりましょう。

[Reading for Fun]

□あなたはその新しい先生を知っていますか。
<u>Do</u> you <u>know</u> the new teacher?

□彼には何か計画がありますか。
<u>Does</u> he <u>have</u> any plan?

□私は魚が好きではありません。
I <u>don't like</u> fish.

□この部屋で走らないでください。
<u>Don't run</u> in this room.

□あなたはどれくらい長くアメリカに滞在しますか。
<u>How long</u> will you stay in America?

□私は彼を少しも知りません。
I do <u>not</u> know him <u>at all</u>.

□この写真を見てください。
<u>Please look</u> at this picture.

□トムはサッカーをしていました。
Tom <u>was playing</u> soccer.

□彼女はかばんの中に何を持っていますか。
<u>What does</u> she <u>have</u> in the bag?

□あれは何ですか。
<u>What's</u> that?

❷ [〜は…します。]

□❶ 私は1匹のイヌを飼っています。

I [have] a dog.

□❷ あなたは毎日英語を勉強しますか。

── はい，します。／いいえ，しません。

[Do] you study English every day?

── Yes, I [do]. / No, I [don't].

□❸ 私は東京に住んでいません。

I [do] [not] [live] in Tokyo.

❸ [どんな…を〜ですか。]

□❶ あなたは何色が好きですか。

── 私は青色が好きです。

[What] color [do] you like?

──[I] [like] blue.

解答欄

❶ _____

❷ _____

❸ _____

❶ _____

POINT

❷ [〜は…します。（一般動詞）]

動作や状態を表す。「〜は…します。」→〈主語＋一般動詞 ....〉

肯定文 ・I play tennis. ［私はテニスをします。］

・You like sports. ［あなたはスポーツが好きです。］

疑問文 ・Do you play rock? ［あなたはロックを演奏しますか。］

└文の最初にDoを置く

応答文 ── Yes, I do. / No, I do not. ［はい，します。／いいえ，しません。］

└短縮形はdon't

否定文 ・I do not play baseball. ［私は野球をしません。］

└動詞の前にdo not[don't]を置く

・You do not go to theaters. ［あなたは映画館へ行きません。］

└短縮形はdon't

❸ [どんな…を〜ですか。（What＋名詞）]

「どんな…を〜ですか。」→〈What＋名詞＋do＋主語＋一般動詞?〉

・What food do you like? ［あなたはどんな食べ物が好きですか。］

└〈What＋名詞〉 └疑問文の形を続ける

── I like rice balls. ［私はおにぎりが好きです。］

└Yes / Noではなく，具体的なものを答える

3

Step 2 予想問題 Starter 1 / Lesson 1 About Me ～文法のまとめ①

40分
(1ページ10分)

❶ ❶～❻は単語の意味を書き，❼～⓬は日本語を英語にしなさい。

- ❶ thirsty （　　　　）
- ❷ hobby （　　　　）
- ❸ sometimes （　　　　）
- ❹ draw （　　　　）
- ❺ turtle （　　　　）
- ❻ gym （　　　　）
- ❼ 住む，住んでいる ＿＿＿＿＿
- ❽ 市；都市 ＿＿＿＿＿
- ❾ 台所 ＿＿＿＿＿
- ❿ しばしば，たびたび ＿＿＿＿＿
- ⓫ 絵画，絵，写真 ＿＿＿＿＿
- ⓬ 切符，チケット ＿＿＿＿＿

❷ 次の各語で，最も強く発音する部分の記号を〇で囲みなさい。

- ❶ clas-si-cal　ア イ ウ
- ❷ gui-tar-ist　ア イ ウ
- ❸ char-ac-ter　ア イ ウ

❸ 次の日本語に合う英文になるように，（　）内に入れるのに最も適切な語句を選び，記号を〇で囲みなさい。

- ❶ 私は空腹です。
  I （　） hungry.
  ⑦ am　④ are　⑨ do
- ❷ 私はコーヒーを飲みません。
  I （　） drink coffee.
  ⑦ am not　④ aren't　⑨ do not
- ❸ あなたはテニスの選手ですか。――はい，そうです。
  ①（　） you a tennis player? ――②Yes, I （　）.
  ① ⑦ Do　④ Am　⑨ Are
  ② ⑦ do　④ am　⑨ are
- ❹ あなたはどんな映画が好きですか。――私は空想映画が好きです。
  ①（　） do you like? ――②I （　） fantasy movies.
  ① ⑦ What do　④ What movies　⑨ Are
  ② ⑦ am　④ do　⑨ like

ヒント
❶ ❸❿頻度を表す副詞。❼「…に住んでいる」というときの「…に」はinを使う。❽「市」より小さい「町」はtown。

❷ ✕ミスに注意 どれもカタカナで表記されることが多いが，ふだん耳にしている語とはアクセントの位置が異なるので注意しよう。

❸ ❶hungryは動詞ではなく，形容詞。❷否定文。drinkは一般動詞。❸①youのあとに動詞がないことに注意。❹①「どんな映画」を英語で表そう。

❹ 次の日本語に合う英文になるように，
**　　　　に適切な語を書きなさい。**

☐ ❶ 私はサトシではありません。

I ＿＿＿＿＿＿ ＿＿＿＿＿＿ Satoshi.

☐ ❷ あなたは毎日朝食を食べますか。—— はい，食べます。

＿＿＿＿＿＿ you ＿＿＿＿＿＿ breakfast every day?

—— Yes, ＿＿＿＿＿＿ ＿＿＿＿＿＿.

☐ ❸ あなたはイギリス出身ですか。

—— いいえ，ちがいます。私はオーストラリア出身です。

＿＿＿＿＿＿ ＿＿＿＿＿＿ from the U.K.?

—— No, ＿＿＿＿＿＿ ＿＿＿＿＿＿.

I ＿＿＿＿＿＿ from Australia.

☐ ❹ 私は毎日柔道を練習します。

I ＿＿＿＿＿＿ judo ＿＿＿＿＿＿ day.

☐ ❺ 私はフランス語を話しません。

I ＿＿＿＿＿＿ ＿＿＿＿＿＿ French.

❹
❶主語がIで，be動詞
　の否定文。
❷「食べる」は一般動詞。
❸空所の数に合わせて，
　短縮形を使おう。
❹「毎日」という意味を
　2語で表す。
❺一般動詞の否定文。

❺ 次のケイトの自己紹介を読んで，
**　　下の表に適切な日本語を書きなさい。**

Hi. I am Kate Brown. I am from the U.S.A.
I live in Osaka now. I like Japanese movies.
I am in the basketball club.

名前	ケイト・ブラウン
出身地	❶
住んでいる場所	大阪
好きなもの	❷
部活動	❸

❺
❶「…の出身」はfrom
　…で表す。
❷「…が好きである」は
　like …で表す。
❸「…部に入っている」
　は in the … clubで
　表す。

❻ 次の英文を（　）内の指示にしたがって書きかえるとき，
　　　　に適切な語を書きなさい。

☐ **❶** I am excited. （主語をyouに）

　_____ _____ excited.

☐ **❷** You have a computer. （否定文に）

　You _____ _____ have a computer.

☐ **❸** You are a guitarist. （疑問文にして，Yesで答える）

　_____ _____ a guitarist?

　—— Yes, _____ _____ .

☐ **❹** You clean the bathroom. （疑問文にして，Noで答える）

　_____ you _____ the bathroom?

　—— No, I _____ .

☐ **❺** I like baseball. （ほぼ同じ意味の文に）

　I _____ a baseball fan.

❼ 次の日本語を読んで，「私は…です。」「私は…します。」という
　　英文になるように，適切な語を右の　　から選んで　　に書き
　　なさい。ただし，同じ語をくりかえし使ってもよい。

☐ **❶** 私はバレーボールをすると伝えたいとき。

　I _____ volleyball.

☐ **❷** 私はつかれていると伝えたいとき。

　I _____ tired.

☐ **❸** 私はピザが好きではないと伝えたいとき。

　I _____ like pizza.

☐ **❹** 私は音楽部に入っていると伝えたいとき。

　I _____ in the music club.

am
cook
play
don't

ヒント

❻
❶be動詞は主語によって使い分ける。
❷❸❹ **✕ミスに注意**
否定文・疑問文にするときは，be動詞，一般動詞のどちらが使われているかを確認しよう。
❺「私は野球が好きです。」→「私は野球のファンです。」

❼
日本語と空所のあとの語句をヒントにして，be動詞を入れるのか，一般動詞を入れるのか判断しよう。

be動詞は，主語とbe動詞のあとの語句がイコールの関係になるときに使うよ。

8 次の英文を日本語にしなさい。

☐ **1** I don't draw pictures.

（　　　　　　　　　　　　　　　　　　　　　　　）

☐ **2** I am interested in classical music.

（　　　　　　　　　　　　　　　　　　　　　　　）

☐ **3** What subject do you like?

（　　　　　　　　　　　　　　　　　　　　　　　）

9 次の日本語に合う英文になるように，
（　）内の語を並べかえなさい。

☐ **1** あなたは数学が得意です。　(math / good / you / at / are).

＿＿＿＿＿＿＿＿＿＿＿＿＿＿＿＿＿＿＿＿＿＿＿＿ .

☐ **2** あなたはどんなスポーツをしますか。
(play / you / what / do / sports)?

＿＿＿＿＿＿＿＿＿＿＿＿＿＿＿＿＿＿＿＿＿ ?

☐ **3** 私はときどき公園に行きます。
I (to / sometimes / go) the park.

I ＿＿＿＿＿＿＿＿＿＿＿＿＿＿＿＿＿ the park.

10 次の日本語を英文にしなさい。

☐ **1** あなたはインド出身ですか。

＿＿＿＿＿＿＿＿＿＿＿＿＿＿＿＿＿＿＿＿＿＿＿＿

☐ **2** あなたは東京に住んでいますか。

＿＿＿＿＿＿＿＿＿＿＿＿＿＿＿＿＿＿＿＿＿＿＿＿

☐ **3** 私はしばしば写真を撮ります。

＿＿＿＿＿＿＿＿＿＿＿＿＿＿＿＿＿＿＿＿＿＿＿＿

☐ **4** 私は中国語を話しません。

＿＿＿＿＿＿＿＿＿＿＿＿＿＿＿＿＿＿＿＿＿＿＿＿

ヒント

8
2〈be動詞+interested in ...〉の意味を考えよう。
3What ...で「どんな…」という意味。

9
2「どんなスポーツ」は〈what＋名詞〉で表す。
3「ときどき」のような頻度を表す副詞はふつう，一般動詞の前に置く。

10
日本語をよく読んで，肯定文・否定文・疑問文をまちがえないようにしよう。

Starter 1 ～ 文法のまとめ①

Step 3 **予想テスト** **Starter 1 / Lesson 1 About Me ～文法のまとめ①** 30分 /100点 目標80点

❶ 次の日本語に合う英文になるように，＿＿に適切な語を書きなさい。知　15点(各完答5点)

❶ 私はサッカーが大好きです。

I ＿＿＿＿ soccer ＿＿＿＿ ＿＿＿＿.

❷ あなたはダンサーです。

＿＿＿＿ a dancer.

❸ 私は動物園に行きません。

I ＿＿＿＿ ＿＿＿＿ go to the zoo.

❷ 次の対話が成り立つように，＿＿に適切な語を書きなさい。知　15点(各完答5点)

❶ A:　Are you a basketball fan?

B:　Yes, ＿＿＿＿ ＿＿＿＿.

❷ A:　＿＿＿＿ you have a computer?

B:　No, I ＿＿＿＿.

❸ A:　＿＿＿＿ TV programs ＿＿＿＿ you watch?

B:　I watch quiz shows.

❸ 次の日本語に合う英文になるように，（　）内の語句を並べかえなさい。ただし，不足している1語を補うこと。知　15点(各5点)

❶ 私はのどがかわいていません。

(thirsty / not / I).

❷ あなたは毎日ピアノを練習しますか。

(every / practice / you / the piano / day)?

❸ 私はその歌を知りません。

(know / the song / I).

❹ 次の丘（おか）先生が書いた記事を読んで，あとの問いに答えなさい。知　35点

　　I like hip-hop dance. I (　①　) not a very good dancer. I go to dance lessons. We sometimes have a show. Come and see ②it. You do not need a ticket for the show.

❶ ①の（　）に入る適切な語を書きなさい。　(7点)

❷ 下線部②が指すものを英語2語で答えなさい。　(8点)

❸ 丘先生になったつもりで，次の質問に英語で答えなさい。 （10点）

Do you go to dance lessons?

❹ 本文の内容に合うように，下の（　）に適切な日本語を答えなさい。 （完答10点）

丘先生たちのダンスのショーを見に行くには（　①　）が（　②　）。

❺ エリが英語で自己紹介するためにメモを書きました。下のメモを参考に，英文を2つ書きなさい。表 20点（各10点）

自己紹介メモ
❶ テニス部に入っている。
❷ 理科が好き。

Eri

❶	❶		❷	
	❸			
❷	❶		❷	
	❸			
❸	❶			
	❷			?
	❸			
❹	❶		❷	
	❸			
	❹	①	②	
❺	❶			
	❷			

Step 1 基本チェック ● **Lesson 2 English Camp ～文法のまとめ②** 5分

■ 赤シートを使って答えよう！

❶ [···できます。]

□**❶** 私は中国語を書くことができます。

　　I [can] [write] Chinese.

□**❷** マークはテニスをすることができません。

　　Mark [cannot[can't]] [play] tennis.

□**❸** あなたは漢字を書けますか。

　　——はい，書けます。／いいえ，書けません。

　　[Can] you [write] *kanji*?

　　—— Yes, I [can]. / No, I [cannot[can't]].

❷ [いくつの···。]

□**❶** あなたはイヌを何匹飼っていますか。

　　—— 2匹飼っています。

　　[How] [many] [dogs] do you have? —— I have two dogs.

解答欄

❶ _____ _____

❷ _____ _____

❸ _____ _____
　 _____ _____

❶ _____ _____

POINT

❶ [···できます。(can)]

肯定文 ・I can make pudding. [私はプリンを作ることができます。]
　　　　└動詞の前にcanを置く

否定文 ・I cannot bake cookies. [私はクッキーを焼くことができません。]
　　　　└動詞の前にcannotを置く。cannotの短縮形はcan't

疑問文 ・Can you dance? [あなたは踊ることができますか。]
　　　　└主語の前にCanを出す

応答文 —— Yes, I can. / No, I cannot. [はい，できます。／いいえ，できません。]
　　　　　　　　　└canを使って答える

● canの使い方

│速く泳ぐ能力がある│

例 I can swim fast.

例 I can watch TV here.

│テレビを見ることが可能である│

❷ [いくつの···。(数をたずねる疑問文)]

「いくつの···。」→〈How many ＋名詞の複数形 ...?〉

　　　　　　　　　┌疑問文の形

・How many butterflies do you see? [あなたはチョウが何匹見えますか。]

　　　　　　　└How manyの後ろは必ず複数形

—— I see six butterflies. [6匹見えます。]

　　　　　　　└名詞の複数形〈名詞＋(e)s〉

How many ...?に対して，具体的な数を答えよう。

Step 2 予想問題 | Lesson 2 English Camp ～文法のまとめ②

30分
(1ページ10分)

❶ ❶～❻は単語の意味を書き, ❼～⓬は日本語を英語にしなさい。

ヒント

☐❶ his （　　　　　）　　☐❷ bake （　　　　　）

☐❸ send （　　　　　）　　☐❹ thousand （　　　　　）

☐❺ hawk （　　　　　）　　☐❻ some （　　　　　）

☐❼ (距離が)遠くに ＿＿＿＿＿＿　☐❽ 書く ＿＿＿＿＿＿

☐❾ つかまえる, 捕る ＿＿＿＿＿　☐❿ おもな, 主要な ＿＿＿＿＿

☐⓫ 切る ＿＿＿＿＿＿　　☐⓬ ここに, ここで ＿＿＿＿＿

❶
❶名詞の前につくときの形。
❹数を表す語。

「100」は hundred。

❷ 次の各語で, 最も強く発音する部分の記号を◯で囲みなさい。

☐❶ Span-ish　　　☐❷ quick-ly　　　☐❸ kan-ga-roo
　　　ア　イ　　　　　　　ア　イ　　　　　　　ア　イ　ウ

❸ 次の日本語に合う英文になるように, （　）内に入れるのに最も適切な語句を選び, 記号を◯で囲みなさい。

☐❶ 私は高くとぶことができます。

I （　　　） high.

㋐ jump　　㋑ do jump　　㋒ can't jump　　㋓ can jump

☐❷ 彼女はギターを演奏することができますか。―― いいえ, できません。

（　　　） she play the guitar?　―― No, she can't.

㋐ Is　　㋑ Do　　㋒ Can　　㋓ Are

❸
be動詞や一般動詞には「できる」という可能や能力の意味は基本的にない。

❹ 次の日本語に合う英文になるように, ＿＿＿に適切な語を書きなさい。

☐❶ 彼女はスペイン語を読むことができます。

She ＿＿＿＿＿＿＿＿＿＿＿ Spanish.

☐❷ 私は卵を食べることができません。

I ＿＿＿＿＿＿＿＿＿＿ eggs.

☐❸ ケイトはサッカーをすることができますか。――はい, できます。

＿＿＿＿＿ Kate ＿＿＿＿＿ soccer?

―― Yes, she ＿＿＿＿＿.

❹ ✖ ミスに注意
❸「…することができますか」という疑問文に答えるときは, be動詞や do は使わない。

点UP

Lesson 2 ～ 文法のまとめ②

❺ 次のリストを読んで，
　　_____に適切な語を下の▢から選んで答えなさい。

できることリスト

ユキ	馬に乗る
マーク	上手に泳ぐ
ダイキ	ヘビにさわる

▢ ❶ Daiki can _____ a snake.

▢ ❷ Yuki can _____ a horse.

▢ ❸ Mark can _____ well.

| ride | swim | ski | touch |

❺
動詞の意味を確認しよ
う。

❻ 次の英文を（　）内の指示にしたがって書きかえるとき，
　　_____に適切な語句を書きなさい。

▢ ❶ I cook Japanese food well. （「…できます」という文に）

　　I _____ _____ Japanese food well.

▢ ❷ I don't dribble well. （「…できません」という文に）

　　I _____ _____ well.

▢ ❸ Do you draw a picture well?

　　（「…できますか」という文にして，Yesで答える）

　　_____ you _____ a picture well?

　　── Yes, _____ _____.

❻
❶canの位置に注意。
❷否定文なので，not
を使う。
❸「あなたは…できま
すか。」に対して答え
るとき，主語は何に
なるか考えよう。

❼ 次の英文に対する適切な応答文を，
　　（　）内の指示にしたがって書きなさい。

▢ ❶ Can you skate well? （自分にあてはめて答えよう）

　　_____

▢ ❷ How many dogs do you have? （「2匹飼っています。」と答える）

　　_____

❼ ✖ミスに注意
❶答えの文の主語はそ
のまま使わない。
❷Yes / Noではなく
具体的な数を答える。

点UP

8 次の英文を日本語にしなさい。

☐ **①** I can sing songs well.

(   )

☐ **②** Can you ride a unicycle?

(   )

☐ **③** How many balls do you use?

(   )

9 次の日本語に合う英文になるように,
（ ）内の語句を並べかえなさい。

☐ **①** 私は中国語を話すことができません。

(cannot / I / Chinese / speak).

_____.

☐ **②** マークは上手にボールを捕ることができます。

(a ball / Mark / well / catch / can).

_____.

☐ **③** あなたは木に登ることができますか。

(trees / you / can / climb)?

_____?

☐ **④** あなたは箱が何個見えますか。

(you / many / see / how / do / boxes)?

_____?

10 次の日本語を（ ）内の語数で英文にしなさい。

☐ **①** 私は速く泳ぐことができます。 （4語で）

_____

☐ **②** 彼女は上手にボールをけることができません。 （6語で）

_____

☐ **③** あなたはクッキーを焼くことができますか。 （4語で）

_____

ヒント

8
③数をたずねる疑問文。
canではなく一般動
詞の疑問文なので,
訳し方に注意しよう。

9 **✕ ミスに注意**
① cannot は can not
と間をあけて書かな
いこと。
② canの位置に注意。
③疑問文なので, 語順
に注意。
④数をたずねる疑問文。

10
③「クッキー」は複数形
にする。

Lesson 2 〜 文法のまとめ②

| Step 3 | 予想テスト | Lesson 2 English Camp ～文法のまとめ② | 30分 | /100点 目標 80点 |

❶ 次の日本語に合う英文になるように，＿＿に適切な語を書きなさい。知　15点(各完答5点)

❶ 私は上手に英語を話すことができます。

I ＿＿＿ ＿＿＿ English well.

❷ 彼女はバイオリンを演奏することができません。

She ＿＿＿ ＿＿＿ the violin.

❸ 彼はコンピューターを使うことができますか。

＿＿＿ he ＿＿＿ a computer?

❷ 次の対話が成り立つように，＿＿に適切な語を書きなさい。知　15点(各完答5点)

❶ A: Can you swim fast?

B: Yes, ＿＿＿ ＿＿＿. I'm a good swimmer.

❷ A: Can you dance ballet?

B: No, ＿＿＿ ＿＿＿.

❸ A: ＿＿＿ ＿＿＿ cats do you have?

B: I have two ＿＿＿.

❸ 次の日本語に合う英文になるように，（　）内の語を並べかえなさい。ただし，1語不要なものが含まれています。知　15点(各5点)

❶ ケイトはカタカナを読むことができます。

(can / *katakana* / Kate / ride / read).

❷ 私は上手に写真を撮ることができません。

(don't / cannot / I / take / well / pictures).

❸ あなたは卵がいくつ必要ですか。

(egg / many / you / need / how / do / eggs)?

❹ 次のジェーンが書いた英文を読んで，あとの問いに答えなさい。知　35点

Rei and I are the teachers of the cooking activity. Rei is the main teacher. He can cut vegetables quickly. I (　　　) use a knife well. I am his assistant. Enjoy the activity.

❶ レイとジェーンは何の先生ですか。日本語で書きなさい。　(8点)

❷ 下線部が「私は包丁を上手に使えません。」という意味になるように，（ ）に入る適切な語を書きなさい。 (7点)

❸ ジェーンになったつもりで，次の質問に3語の英語で答えなさい。 (各10点)
　① Are you the main teacher?
　② Can Rei cut vegetables quickly?

❺ 下のメモを参考に，❶は「…できます。」，❷は「…できません。」という英文を書きなさい。表 20点(各10点)

〈メモ〉

理香 (Rika)
❶ スキーをすることができる。
❷ 速く走ることができない。

❶	❶		❷	
	❸			
❷	❶		❷	
	❸			
❸	❶			•
	❷			•
	❸			?
❹	❶			
	❷			
	❸	①		
		②		
❺	❶			
	❷			

Step 1 基本チェック | Lesson 3 Our New Friend ～ Project 1

10分

■ 赤シートを使って答えよう！

❶ [～は…です。]

解答欄

☐ ❶ This [am / is] Mark. He is my friend.

❶ _____

☐ ❷ [Do / Is] this my computer?

❷ _____

☐ ❸ That's [isn't / not] a library.

❸ _____

❷ […は何ですか。]

☐ ❶ これは何ですか。―― それはボールです。

❶ _____

[What] is this? ――[It] is a ball.

☐ ❷ あれは何ですか。―― それは帽子です。

[What's] that? ――[It's] a cap.

❷ _____

❸ [代名詞 (him, her)]

☐ ❶ He is Mark. Do you know [him / her]?

☐ ❷ Ms. Hara is an English teacher. I like [him / her].

❶ _____

❷ _____

POINT

❶ [～は…です。(be動詞 is)]

「～は…です。」→〈主語(I, you以外の単数の人やもの) + be動詞 (is) ....〉

肯定文 ・ This is a dress. [これはドレスです。]

否定文 ・ This is not a dress. [これはドレスではありません。]
  └ 否定文はbe動詞 (is) の後ろにnotを置く

疑問文 ・ Is this Wakaba Shrine? [これはわかば神社ですか。]
  └ 主語の前にbe動詞を出す

応答文 ―― Yes, it is. / No, it is not[isn't].
  └ 答えの文でitを使う　　　[はい, そうです。／いいえ, そうではありません。]

【be動詞の使い分け】

主語	be動詞
I	am
you	are
I, you以外の単数の人・もの	is

❷ […は何ですか。]

・ What is this? [これは何ですか。] ―― It is a library. [それは図書館です。]
  「何」 └ Whatのあとは疑問文の語順　　　└ Yes / Noではなく, 具体的なものを答える

❸ [代名詞 (him, her)]

・ This is Wakaba-kun. I like him. [こちらはわかばくんです。私は彼が好きです。]
  └ 男性を指す「彼を[に]」（女性を指す「彼女を[に]」はher）

16

❹ […はだれですか。]

☐❶ この男の子はだれですか。―― 彼はマークです。

[Who] is this boy? ――[He] is Mark.

❺ [命令文]

☐❶ 浴室をそうじしなさい。 [Clean] the bathroom.

☐❷ 今テレビを見てはいけません。[Don't] watch TV now.

☐❸ テニスをしましょう。 [Let's] play tennis.

❻ [How …? で始まる文]

☐❶ この消しゴムはいくらですか。

[How][much] is this eraser?

☐❷ あなたはどのくらいの頻度でコンピューターを使いますか。

[How][often] do you use a computer?

❶ _____

❶ _____

❷ _____

❸ _____

❶ _____

❷ _____

POINT

❹ […はだれですか。]

· Who is this woman? [この女性はだれですか。]

「だれ」 └Whoのあとは疑問文の語順

―― She is Makiko. [彼女は真紀子です。]

= this woman └Yes / Noではなく，具体的な人名や職業などを答える

> 短縮形   · who is → who's
> · he is → he's   · she is → she's
> · it is → it's   · that is → that's
> · is not → isn't   · what is → what's

❺ [命令文]

「…しなさい。」→〈動詞 ....〉

· Play the guitar. [ギターを演奏しなさい。]

└動詞を文の始めに置く ※主語は不要

「…してはいけません。」→〈Don't + 動詞 ....〉

· Don't play the guitar. [ギターを演奏してはいけません。]

「…しましょう。」→〈Let's + 動詞 ....〉

· Let's take a picture. [写真を撮りましょう。]

└相手を誘うときはLet'sで文を始める

❻ [値段・頻度をたずねる文]

「(値段は)いくら…。」→ How much …?

· How much is this pen? [このペンはいくらですか。] ―― It's three dollars. [3ドルです。]

└疑問文の形を続ける

「(頻度が)どのくらい…。」→ How often …?

· How often do you practice the piano? ―― Three *times *a day. [1日につき3回です。]

[あなたはどのくらいピアノを練習しますか。]└疑問文の形を続ける *time：…度，…回 *a day：1日につき

17

Step 2 予想問題 · Lesson 3 Our New Friend ~ Project 1

40分
(1ページ10分)

❶ ①～❻は単語の意味を書き，❼～⓬は日本語を英語にしなさい。

💡ヒント

□❶ yours （　　　　　）　　□❷ free （　　　　　）

□❸ same （　　　　　）　　□❹ crowded （　　　　　）

□❺ popular （　　　　　）　　□❻ guess （　　　　　）

□❼ やさしい，簡単な＿＿＿＿＿　　□❽ ほんと，へえー＿＿＿＿＿

□❾ 人々，人たち＿＿＿＿＿　　□❿ 手紙＿＿＿＿＿

□⓫ （じっと）聞く＿＿＿＿＿　　□⓬ 学ぶ，習う；覚える＿＿＿＿＿

❶
❽驚き，興味，疑いなどいろいろな気持ちを表せる言葉。
❾常に複数扱い。
⓬ある知識を「習得する」という結果に重きをおく単語。

studyはある知識を得るために「勉強・研究する」という意味になるよ。

❷ 次の各語で，最も強く発音する部分の記号を〇で囲みなさい。

□❶ ho-tel　　　□❷ week-end　　　□❸ sou-ve-nir
　　 ア　イ　　　　　　 ア　　イ　　　　　　 ア　イ　ウ

❸ 次の日本語に合う英文になるように，（　）内に入れるのに最も適切な語句を選び，記号を〇で囲みなさい。

□❶ これは私のギターではありません。
This（　　）my guitar.
㋐ am not　㋑ not　㋒ is not　㋓ are not

□❷ この女性はだれですか。
（　　）this woman?
㋐ Who　㋑ Who's　㋒ What　㋓ What's

□❸ 彼女はユキです。あなたは彼女を知っていますか。
She is Yuki. Do you know（　　）?
㋐ she　㋑ he　㋒ her　㋓ him

□❹ あれは何ですか。――それは新聞です。
①（　　）is that? ――②（　　）a newspaper.
① ㋐ What　㋑ What's　㋒ Who　㋓ Who's
② ㋐ That　㋑ This is　㋒ It　㋓ It's

□❺ このキーホルダーはいくらですか。
How（　　）is this key chain?
㋐ long　㋑ many　㋒ often　㋓ much

❸
❶be動詞は主語によって使い分ける。
❷ Who's は Who is，What's は What is の短縮形。
❹①「何」を表す語を入れる。
❺値段をたずねる文。

点UP

18 ［解答 ▶ p.5］

④ 次の日本語に合う英文になるように，
＿＿＿に適切な語を書きなさい。

❹
❷空所の数から短縮形を入れる。
❺❻命令文は動詞で文を始める。
❼with ...は「…と, …に（対して）」という意味。

□**❶** これはリンゴです。＿＿＿＿＿＿ ＿＿＿＿＿＿ an apple.

□**❷** 彼女は私の姉ではありません。

＿＿＿＿＿＿ ＿＿＿＿＿＿ my sister.

□**❸** あなたの数学の先生はだれですか。

＿＿＿＿＿＿ ＿＿＿＿＿＿ your math teacher?

□**❹** あなたはその男の子を知っていますか。
—— いいえ。私は彼を知りません。

Do you know the boy?　—— No.　I don't know ＿＿＿＿＿.

□**❺** 新聞を読みなさい。＿＿＿＿＿＿ a newspaper.

□**❻** 優しくして。＿＿＿＿＿＿ gentle.

□**❼** そのロボットはあなたと友達になれます。

The robot can ＿＿＿＿＿＿ ＿＿＿＿＿＿ ＿＿＿＿＿＿
you.

□**❽** これはネコのようなロボットです。

This is a robot ＿＿＿＿＿＿ a cat.

❺ 次の＿＿＿に適切な語を下の＿＿＿から選んで入れなさい。ただし，同じ語を2度使うことはできません。また，文頭にくるものも小文字で始めています。

❺
❶Is that ...?に答えるときの主語に注意。
❷❸ ✕ ミスに注意
答えの文から，何をたずねているかを判断する。
❹this womanを指す代名詞を選ぶ。

□**❶** Is that your school?　—— Yes, ＿＿＿＿＿＿ is.

□**❷** ＿＿＿＿＿＿ is this?　—— It's a *furoshiki*.

□**❸** ＿＿＿＿＿＿ is this girl?　—— She is my friend, Sayaka.

□**❹** I don't know this woman.　Do you know ＿＿＿＿＿?

who	what	her	him	it	that

6 次の英文を（ ）内の指示にしたがって書きかえるとき，
　　　　に適切な語を書きなさい。

☐ ❶ This is my cap. （否定文に）

This ＿＿＿＿＿＿ ＿＿＿＿＿＿ my cap.

☐ ❷ He is Mr. Tanaka. （疑問文にして，Yesで答える文に）

＿＿＿＿＿＿ ＿＿＿＿＿＿ Mr. Tanaka?

—— Yes, he ＿＿＿＿＿＿.

☐ ❸ She is Kate. （下線部をたずねる疑問文に）

＿＿＿＿＿＿ ＿＿＿＿＿＿ she?

☐ ❹ You practice judo. （「…しなさい」という文に）

＿＿＿＿＿＿ judo.

☐ ❺ That is a museum. （否定文に）

＿＿＿＿＿＿ ＿＿＿＿＿＿ a museum.

7 次の対話が成り立つように，（ ① ）（ ② ）に入れるのに最も
適切な文を選び，記号で書きなさい。

☐ ❶ A: （ ① ） This is my new dress.

B: （ ② ） I like it.

㋐ Listen!　　㋑ That's nice.

㋒ Me, too.　　㋓ You are funny.

① （　　）　　② （　　）

☐ ❷ A: （ ① ）

B: It's a *sensu*. You can use it on hot days.

A: （ ② ）

㋐ What's that?　　㋑ I see.

㋒ Who is he?　　㋓ Guess what!

① （　　）　　② （　　）

8 次の英文を日本語にしなさい。

☐ ❶ Yumiko is my mother.

（　　　　　　　　　　　　）

ヒント

6
❶notの位置に注意。
❸「彼女はだれですか。」という文に。
❹命令文は動詞から文を始める。

近くのものは「これは」，遠くのものは「あれは」で表す。

❺空所の数から短縮形を使う。

7
前後の発言内容からあてはまる表現を考えよう。

□❷ My robot can read some languages.

(   )

□❸ Who's this teacher?

(   )

□❹ How often do you clean the bathroom?

(   )

❾ 日本語に合う英文になるように,
　　(　)内の語句を並べかえなさい。

□❶ レストランに行きましょう。

(the restaurant / go / let's / to).

_____ .

□❷ あなたは彼女が好きですか。 (you / do / her / like)?

_____ ?

□❸ あれはボールではありません。 (is / a ball / not / that).

_____ .

点
UP
□❹ ここで日本語を話してはいけません。

(Japanese / speak / don't) here.

_____ here.

❾
❷動詞のあとにくる語
　は「〜を」の形。
❸not の位置に注意。
❹「…してはいけませ
　ん。」は Don't .... で
　表す。

❿ 次の日本語を英文にしなさい。

□❶ こちらは私の友達のコウタ (Kota) です。

_____

□❷ 彼は私の父です。

_____

□❸ あれは何ですか。

_____

点
UP
□❹ 私は彼女をよく知っています。

_____

Step 3 予想テスト : **Lesson 3 Our New Friend ~ Project 1**

30分 /100点 目標80点

❶ 次の日本語に合う英文になるように，＿＿に適切な語を書きなさい。知 20点（各完答5点）

　❶ こちらはブラウン先生です。私は彼が大好きです。

　　＿＿＿＿ ＿＿＿＿ Mr. Brown. I like ＿＿＿＿ very much.

　❷ あれはウサギではありません。

　　＿＿＿＿ ＿＿＿＿ ＿＿＿＿ a rabbit.

　❸ 彼女はあなたの同級生ですか。

　　＿＿＿＿ ＿＿＿＿ your classmate?

　❹ *A:*　ねえ知ってる。これはぼくのお気に入りの漫画の本です。私はそれがとても好きです。

　　B:　私もです。

　　A:　You know ＿＿＿＿? This is my favorite comic. I like it very much.

　　B:　＿＿＿＿, too.

❷ 次の対話が成り立つように，＿＿に適切な語を書きなさい。知 15点（各完答5点）

　❶ *A:*　Is that a guitar?

　　B:　＿＿＿＿, ＿＿＿＿ not. It is a violin.

　❷ *A:*　＿＿＿＿ is this boy?

　　B:　＿＿＿＿ is Mark.

　❸ *A:*　＿＿＿＿ is that?

　　B:　＿＿＿＿ a police station.

❸ 次の日本語に合う英文になるように，（　）内の語を並べかえなさい。ただし，不足している１語を補うこと。知 10点（各5点）

　❶ これは私の一輪車ではありません。(is / my / unicycle / this).

　❷ あなたは彼女をよく知っていますか。(you / well / know / do)?

❹ 次のディヌー(Dinu)が書いた手紙を読んで，あとの問いに答えなさい。知 35点

　　Dear Ratna,

　　こんにちは。This is 'hello' in Japanese. It is 'namaste' in Hindi.

　　Japanese (　　) (　　) easy. I learn it from my friend, Hana.

　　She is a good teacher.

　　Yours,

　　ディヌー (This is my name in Japanese.)

❶ 手紙の内容に合うように，次のメモに適切な日本語を答えなさい。 (各9点)

　　［あいさつ］　　　　［言語］

　・こんにちは　　：　（　①　）

　・hello　　　　　：　英語

　・namaste　　　：　（　②　）

❷ 下線部が「日本語は簡単ではありません。」という意味の英文になるように，（　）に適切な語を書きなさい。 (完答7点)

❸ 本文の内容について，次の質問に3語の英語で答えなさい。 (10点)

　Is Hana a good teacher for Dinu?

❺ 下の看板を参考に，「…してはいけません。」という英文を書きなさい。表 20点(各10点)

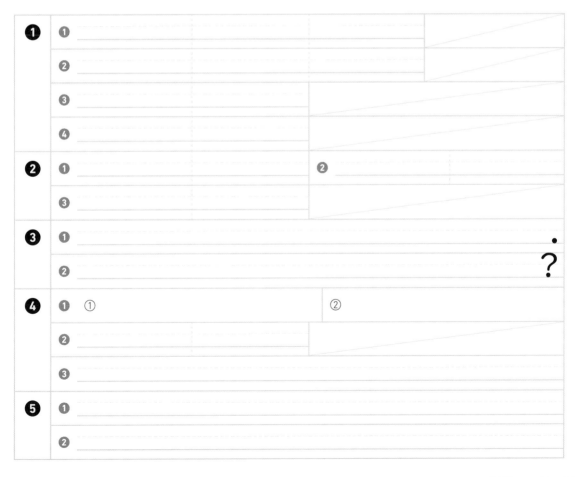

Step 1 基本チェック Lesson 4 My Family, My Hometown ～文法のまとめ④

5分

■ 赤シートを使って答えよう！

❶ [～は…します。]

解答欄

☐❶ 私の父は毎朝，新聞を読みます。

My father [reads] a newspaper every morning.

❶

☐❷ あなたのお母さんは上手に料理しますか。

── はい，します。／いいえ，しません。

[Does] your mother [cook] well?

── Yes, she [does]. / No, she [doesn't].

❷

☐❸ ケイトは日本語を話しません。

Kate [does] [not] speak Japanese.

❸

❷ [A と B，どちらが…ですか。]

☐❶ イヌとネコ，あなたはどちらが好きですか。

── 私はイヌが好きです。

[Which] do you like, dogs [or] cats? ── I like dogs.

❶

POINT

❶ [～は…します。（3人称単数現在形）]

主語が3人称（I，you 以外）で単数→一般動詞に s，es をつける

肯定文 ・Miki plays tennis. ［美紀はテニスをします。］
└ s をつける

疑問文 ・Does Miki play tennis? ［美紀はテニスをしますか。］
└ 文の最初に Does └ 動詞は原形（もとの形）にする

応答文 ── Yes, she does. / No, she does not. ［はい，します。／いいえ，しません。］
└ 答えの文でも does を使う └ 短縮形は doesn't

否定文 ・Miki does not play tennis. ［美紀はテニスをしません。］
└ 動詞の前に does not [doesn't] └ 動詞は原形（もとの形）にする

❷ [A と B，どちらが…ですか。]

「A と B，どちらが…ですか。」→〈Which …，A or B?〉

・Which do you want, strawberry or lemon? ［いちごとレモン，どちらがほしいですか。］
└ 2 つのうちで「どちらを」 └「または」

── I want lemon. ［レモンがほしいです。］
└ A と B のどちらかを答える

Step 2 予想問題 **Lesson 4 My Family, My Hometown ～文法のまとめ④**

30分
(1ページ10分)

❶ ①〜⑥は単語の意味を書き，⑦〜⑭は日本語を英語にしなさい。 💡ヒント

□❶ parent （　　　　　　） □❷ low （　　　　　　）

□❸ college （　　　　　　） □❹ wear （　　　　　　）

□❺ later （　　　　　　） □❻ early （　　　　　　）

□❼ 生徒，学生 ＿＿＿＿＿ □❽ 場所，所；地域 ＿＿＿＿＿

□❾ 年齢 ＿＿＿＿＿ □❿ 〜じゅうずっと ＿＿＿＿＿

□⓫ 聞こえる，聞く（hで始まる） ＿＿＿＿＿ □⓬ （車を）運転する ＿＿＿＿＿

□⓭ thisの複数形 ＿＿＿＿＿ □⓮ ぱりぱりした ＿＿＿＿＿

❶
❶複数形にすると「両親」という意味。
⓫聞こうとしていなくても自然に聞こえてくるときに使う。

listenは意識して耳を傾けるときに使う。

❷ 次の各語で，最も強く発音する部分の記号を〇で囲みなさい。

□❶ crick-et
　　 ア　イ

□❷ stat-ue
　　 ア　イ

□❸ in-stru-ment
　　 ア　イ　ウ

❸ 次の日本語に合う英文になるように，
　（　）内の語を適切な形に直して１語で書きなさい。

□❶ 私はバスケットボールをします。
　 I (play) basketball. ＿＿＿＿＿

□❷ 私の姉は動物が好きです。
　 My sister (like) animals. ＿＿＿＿＿

□❸ ブラウンさんは学校で英語を教えています。
　 Mr. Brown (teach) English at school. ＿＿＿＿＿

❸
❶〜❸主語に注意して動詞の形を考えよう。

❹ 日本語に合う英文になるように，＿＿に適切な語を書きなさい。

□❶ 私の父は毎週日曜日に公園に行きます。
　 My father ＿＿＿＿＿ to the park every Sunday.

□❷ あなたの妹は７時に家を出ますか。
　 ＿＿＿＿＿ your sister ＿＿＿＿＿ home at seven?

□❸ （❷の答えとして）いいえ，出ません。彼女は８時に家を出ます。
　 No, she ＿＿＿＿＿. She ＿＿＿＿＿ home at eight.

□❹ あなたは甘いコーヒーとにがいコーヒーのどちらがほしいですか。
　 ＿＿＿＿＿ you want, sweet coffee ＿＿＿＿＿ bitter coffee?

❹
❶〜❸主語が３人称単数で現在の文。
❷❸ ⊗ ミスに注意
　３人称単数現在形の疑問文や否定文では，doのかわりにdoesを使う。また，動詞は原形（もとの形）にする。
❹主語はyou。

点UP

❺ 次の表はケンの家族の習慣を表しています。＿＿＿に合う語を下
の□から選び，適切な形に直して１語で書きなさい。

〈ケンの家族の習慣〉

ケン	毎日	宿題をする
ケンの妹	毎水曜日	バイオリンを練習する
ケンの父親	毎日曜日	朝食を作る
ケンの母親	週末に	映画を見る

☐ ❶ Ken ＿＿＿＿＿＿＿ his homework every day.

☐ ❷ His sister ＿＿＿＿＿＿＿ the violin on Wednesdays.

☐ ❸ His father ＿＿＿＿＿＿＿ breakfast every Sunday.

☐ ❹ His mother ＿＿＿＿＿＿＿ movies on weekends.

> walk   cook   do   watch   practice

❺
動詞の意味は正確に覚
えておこう。主語はす
べて３人称単数なので，
動詞にsまたはesをつ
ける。
❹on weekendsで「週
末に」という意味。

❻ 次の自己紹介カードの内容に合うように，下の質問に答えなさい。

> Mark Davis
> ・姉が２人いる。　　・野球が好き。　　・毎日数学を勉強する。

☐ ❶ How many sisters does Mark have?

—— He ＿＿＿＿＿＿＿ two sisters.

☐ ❷ Does Mark like baseball?

—— ＿＿＿＿＿＿＿, he ＿＿＿＿＿＿＿.

☐ ❸ What does Mark study every day?

—— He ＿＿＿＿＿＿＿ math every day.

❻
❶「マークには何人の
姉[妹]がいますか。」
に答える。

❼ 次の対話が成り立つように，（ ① ）（ ② ）に入れるのに最も
適切な文を選び，記号で書きなさい。

☐ ❶ A: Do you have any plans?

B: Yes. I practice cricket today.

A: (①) Don't be late.

B: Oh! (②)

ⓐ I see.   ⓑ Listen.   ⓒ I have to go.

①（　　　）　　②（　　　）

❼
前後の発言内容からあ
てはまる表現を考えよ
う。

点
UP

26 ［解答 ▶ p.8］

□ ❷ *A:* What time does your practice start?

B: It starts at three.

A: (①) Now, it's three o'clock.

B: Oh! (②)

㋐ Talk to you later.　㋑ That's nice.　㋒ Really?

① (　　)　② (　　)

❽ 次の英文を日本語にしなさい。

□ ❶ Kenta belongs to the art club.

(　　　　　　　　　　　　　　)

□ ❷ Mari does not read books.

(　　　　　　　　　　　　　　)

□ ❸ What subject does your brother like?

(　　　　　　　　　　　　　　)

□ ❹ Some like baseball. Others like soccer.

(　　　　　　　　　　　　　　)

❾ 次の日本語に合う英文になるように、( )内の語句を並べかえなさい。

□ ❶ 京都にはたくさんの有名な寺があります。

(has / many / Kyoto / temples / famous).

_____.

□ ❷ ケイトは新しいくつがほしいです。(wants / shoes / new / Kate).

_____.

□ ❸ 私の弟はコンピューターを使いません。

(a computer / my brother / use / not / does).

_____.

□ ❹ マークはスケートを上手にしますか。(skate / Mark / well / does)?

_____?

❿ 次の日本語を( )内の語数で英文にしなさい。

□ ❶ ケイトはテレビを見ません。(4語で)

□ ❷ あなたのお姉さんはその歌を知っていますか。(6語で)

□ ❸ 彼女はよく彼女の犬の散歩に行きます。(5語で)

ヒント

❽
❶belong to ...は「…に所属している」という意味。
❷否定文。
❸〈What + 名詞〉で「何の…」という意味。
❹some ..., others ～「…もいれば、～もいる」という意味。

❾ ✕ミスに注意
3人称単数で現在の疑問文や否定文では、動詞は原形(もとの形)にする。sやesをつけるのは肯定文のときだけ。

❿
❸「よく」を表す語は一般動詞の前に置く。

Step 3 予想テスト : **Lesson 4 My Family, My Hometown** **〜文法のまとめ④**

30分　目標80点　/100点

❶ 次の日本語に合う英文になるように，＿＿に適切な語を書きなさい。知　15点（各完答5点）

❶ アイリは毎日早く朝食を食べます。

Airi ＿＿＿ ＿＿＿ early every day.

❷ 私の兄は日本に住んでいません。

My brother ＿＿＿ ＿＿＿ in Japan.

❸ 鈴木先生は数学を教えていますか。―― いいえ。彼は理科を教えています。

＿＿＿ Mr. Suzuki ＿＿＿ math? ―― No. He ＿＿＿ science.

❷ 次の対話が成り立つように，＿＿に適切な語を書きなさい。知　15点（各5点）

❶ *A:*　I go to tennis practice today. How ＿＿＿ you?

　B:　Me, too.

❷ *A:*　What color does Kate like?

　B:　She ＿＿＿ blue.

❸ *A:*　How many cats does Yuki have?

　B:　She ＿＿＿ three cats.

❸ 次の日本語に合う英文になるように，（　）内の語句や符号を並べかえなさい。ただし，下線のついている語は必要に応じて，適切な形に直しなさい。知　15点（各5点）

❶ 私の父は運転しません。

（ not / father / drive / my / does ）.

❷ ヒナは毎日英語を勉強します。

（ every / study / day / English / Hina ）.

❸ マークはバスケットボールの試合とバレーボールの試合では，どちらを見ますか。

（ or / does / watch / which / a basketball game / Mark / , ）a volleyball game?

❹ 次の対話文を読んで，あとの問いに答えなさい。知　35点

Ms. Brown:　This is my brother, Peter. He ①(play) the bagpipes.

　　Riku:　Bagpipes? Our music club does not have ②them.

Ms. Brown:　Bagpipes are a traditional instrument in Scotland.

　　Riku:　Does he play them at school?

Ms. Brown:　Yes, he does. He belongs to a college band.

❶ ①の（　）内の語を適切な１語にかえて書きなさい。　　　　　　　　　　　（7点）

❷ 下線部②が指すものを英語１語で答えなさい。　　　　　　　　　　　　　　（8点）

❸ バグパイプとは何ですか。日本語で説明しなさい。　　　　　　　　　　　　（10点）

❹ 本文の内容に合うものを，⑦〜⑦の中から１つ選び，記号で答えなさい。　（10点）
　　⑦ ピーターは陸のお兄さんである。
　　④ ピーターは学校でバグパイプを演奏しない。
　　⑦ ピーターは大学の楽団に所属している。

❺ 次の絵を見て，「〜は…時に―します。」という英文を右の▢内の語句を用いて書きなさい。ただし，▢内の語は必要があれば適切な形に直しなさい。また，数字も英語で書きなさい。表　　　　　　　　　20点（各10点）

clean the bathroom
take a bath
go to bed
get up

❶	❶		❷	
	❸			
❷	❶		❷	❸
❸	❶			.
	❷			.
	❸			a volleyball game?
❹	❶		❷	
	❸			
	❹			
❺	❶			
	❷			

Step 1 基本チェック ● Lesson 5 School Life in the U.S.A. ～文法のまとめ⑤　🕐 5分

■ 赤シートを使って答えよう!

❶ [～は…しています。]

□❶ 私は母を手伝っています。

I [am] [helping] my mother.

□❷ 彼女は今，テレビを見ていません。

She [isn't] [watching] TV.

□❸ あなたは宿題をしていますか。

—— はい，しています。／いいえ，していません。

[Are] you [doing] your homework?

—— Yes, I [am]. / No, [I'm] [not].

❷ [だれの…。]

□❶ これはだれの帽子ですか。—— それは私のものです。

[Whose] [cap] is this? —— It is [mine].

解答欄

❶

❷

❸

❶

POINT

❶ [～は…しています。（現在進行形）]

現在，動作している最中であることを表す。

「～は…しています。」→〈主語＋be動詞＋動詞の-ing形 ….〉

肯定文 ・Tom is studying math now.　[トムは今，数学を勉強しています。]

└ studyにingをつける

疑問文 ・Is Tom studying math now?　[トムは今，数学を勉強していますか。]

└ 主語の前にbe動詞を出す

応答文 —— Yes, he is. / No, he is not.　[はい，しています。／いいえ，していません。]

└ 答えの文でもbe動詞を使う

否定文 ・Tom is not studying math now.　[トムは今，数学を勉強していません。]

└ be動詞の後ろにnotを置く

❷ [だれの…。（Whose …?の文）]

「だれの…。」→〈Whose＋名詞＋be動詞＋主語?〉

・Whose key is this?　[これはだれの鍵ですか。]

└「だれの…」は〈Whose＋名詞〉で表す

—— It's Riku's.　[それは陸のものです。]

└「(人名)のもの」は〈人名＋'s〉で表す。＝ Riku's key

【所有代名詞（～のもの）】

私のもの	mine	私たちのもの	ours
あなたのもの	yours	あなたたちのもの	yours
彼のもの	his	彼らのもの	theirs
彼女のもの	hers	彼女らのもの	
～のもの	（人名）'s	それらのもの	

Step 2 予想問題　Lesson 5 School Life in the U.S.A. ～文法のまとめ⑤

30分
(1ページ10分)

❶ ❶〜❻は単語の意味を書き，❼〜⓬は日本語を英語にしなさい。 💡ヒント

□❶ thing （　　　　） □❷ bring （　　　　）

□❸ choose （　　　　） □❹ solve （　　　　）

□❺ suggest （　　　　） □❻ throw （　　　　）

□❼ 子ども(単数形)＿＿＿＿＿ □❽ 生活，暮らし＿＿＿＿＿

□❾ 問題；やっかいなこと＿＿＿ □❿ 持っている，運ぶ＿＿＿

□⓫ 働く，仕事をする＿＿＿＿ □⓬ いっしょに＿＿＿＿＿

❶
❷take は「持って行く」という意味。
・take：話し手も聞き手もその場所にいないとき。
・bring：話し手か聞き手がその場所にいるとき。

❷ 次の各語で，最も強く発音する部分の記号を〇で囲みなさい。

□❶ Mex-i-co　　□❷ eve-ry-one　　□❸ dif-fer-ent
　　ア イ ウ　　　　 ア イ ウ　　　　 ア イ ウ

❸ 次の(　)内に入れるのに最も適切な語を選び，
記号を〇で囲みなさい。

□❶ I am (　　) basketball.
　ⓐ play　　ⓘ plays　　ⓤ playing

□❷ My mother (　　) making sandwiches.
　ⓐ am　　ⓘ is　　ⓤ are

□❸ (　　) they running in the park?
　ⓐ Are　　ⓘ Do　　ⓤ Does

❸
❶be 動詞の am が前にあることに注目。
❷あとの一般動詞が making と -ing 形になっている。

❹ 次の日本語に合う英文になるように，
＿＿に適切な語を書きなさい。

□❶ 私はコンピューターを使っています。
　I＿＿＿＿＿＿＿＿ a computer.

□❷ マークは今，テニスをしていません。
　Mark＿＿＿＿＿＿＿＿＿＿ tennis now.

□❸ あなたのイヌは今，眠っていますか。——はい，眠っています。
　＿＿＿＿＿ your dog ＿＿＿＿ now?
　—— Yes, it ＿＿＿＿.

□❹ これはだれのかばんですか。——それはユキ(Yuki)のものです。
　＿＿＿＿＿＿ is this? —— It's ＿＿＿＿.

❹ ❌ミスに注意
be 動詞(am, is, are)は主語によって使い分ける。
・主語が I→am
・主語が you，複数→are
・主語が3人称単数→is

❺ 次の絵を見て，「…しています」という英文になるように，____ に適切な語を下の☐☐☐から選び，必要があれば適切な形に直して答えなさい。

 ❶    ❷    ❸

☐ ❶ Eri _____ pictures.

☐ ❷ Two boys _____ _____ .

☐ ❸ I _____ a book.

| am | is | are | draw | read | swim |

❻ 次の英文を（ ）内の指示にしたがって書きかえるとき，____ に適切な語を書きなさい。

☐ ❶ I eat breakfast. （「今…しています。」という文に）

I _____ _____ breakfast now.

☐ ❷ I don't clean the room. （「今…していません。」という文に）

_____ _____ _____ the room now.

☐ ❸ She is drinking <u>coffee</u> now. （下線部をたずねる疑問文に）

_____ _____ she _____ now?

☐ ❹ That is <u>my</u> pencil. （下線部をたずねる疑問文に）

_____ pencil _____ that?

❼ 次の対話が成り立つように，（ ① ）〜（ ③ ）に入れるのに最も適切な文を選び，記号で書きなさい。

A: （ ① ）

B: Yes. I'm looking for a water bottle.

A: （ ② ）

B: I like the color. （ ③ ）

A: I suggest this.

B: That's perfect.

    ⑦ I don't like the color.   ④ How about this small one?

    ⑨ It's too small for me.   ⑤ May I help you?

①（   ）   ②（   ）   ③（   ）

💡ヒント

❺ ✕ ミスに注意

動詞の-ing形の作り方

・ほとんどの語：そのままingをつける。
例play → playing

・eで終わる語：eをとってingをつける。
例write → writing

・〈短母音＋子音字〉で終わる語：子音字を重ねてingをつける。
例run → running

❻
❸「彼女は今，何を飲んでいますか。」とたずねる文に。
❹「あれはだれの鉛筆ですか。」とたずねる文に。

❼
Bの発言内容から店員Aとの店での対話だとわかる。あてはまる表現を考えよう。

⑧ 次の英文を日本語にしなさい。

☐❶ I am looking for a cap. —— How about this red one?

(　　　　　　　　　　　　　　　　　　　　)

☐❷ I am not cutting an apple now.

(　　　　　　　　　　　　　　　　　　　　)

☐❸ Are you walking your dog now? —— Yes, I am.

(　　　　　　　　　　　　　　　　　　　　)

☐❹ Whose umbrella is this? —— It is mine.

(　　　　　　　　　　　　　　　　　　　　)

⑨ 次の日本語に合う英文になるように，（　）内の語句を並べかえなさい。ただし，下線部の語は適切な形に直しなさい。

☐❶ 私は今，ピアノを練習しています。
(piano / practice / am / I / the) now.

_____ now.

☐❷ 彼女は今，友達と話していません。
(not / she / is / with / talk / her friends) now.

_____ now.

☐❸ あなたの妹は今，何をしていますか。
(your sister / what / do / is) now?

_____ now?

☐❹ あなたは今，英語を勉強していますか。
(you / English / study / are) now?

_____ now?

⑩ 次の日本語を（　）内の語数で英文にしなさい。

☐❶ 私たちは公園で走っています。（6語で）

_____

☐❷ リノ (Rino) は今，音楽を聞いていますか。（6語で）

_____

☐❸ あれはだれの辞書ですか。（4語で）
—— それは彼女のものです。（3語で）

_____

——

ヒント

⑧
❷cut は「切る」という意味。
❸walk は「〜を散歩させる」という意味。

⑨ ✕ ミスに注意
否定文や疑問文のとき，動詞は原形（もとの形）にはしない。動詞の-ing形のまま。

⑩
❸「彼女のもの」を1語で表す。

Step 3 予想テスト ● Lesson 5 School Life in the U.S.A. ~文法のまとめ⑤

30分　目標80点　/100点

❶ 次の日本語に合う英文になるように，＿＿に適切な語を書きなさい。知　15点（各完答5点）

❶ ケイトと私は宿題をしています。

Kate and I ＿＿＿＿ ＿＿＿＿ our homework.

❷ 私の父は今，新聞を読んでいません。

My father ＿＿＿＿ ＿＿＿＿ a newspaper now.

❸ これはだれの携帯電話ですか。—— それは彼のものです。

＿＿＿＿ mobile phone ＿＿＿＿ this?　—— It's ＿＿＿＿.

❷ 次の＿＿に入る適切な語を，右の◻️から選んで適切な形に直して書きなさい。知

15点（各5点）

❶ Is your mother ＿＿＿＿ at a restaurant?

❷ I'm ＿＿＿＿ a bath now.

❸ Shota is ＿＿＿＿ vegetables.

skate
cut
work
take

❸ 次の日本語に合う英文になるように，（　）内の語句を並べかえなさい。ただし，下線のついている語は適切な形に直しなさい。知　20点（各5点）

❶ ケイトは今，テレビを見ていますか。

(Kate / TV / watch / is) now?

❷ 私は今，手紙を書いていません。

(not / I / write / a letter / am) now.

❸ 数人の男の子が音楽に合わせて踊っています。

(music / boys / to / dance / some / are).

❹ いらっしゃいませ。

(I / help / may / you)?

❹ 次の対話文を読んで，あとの問いに答えなさい。知　30点

Hana:　Are these students eating lunch?

Mark:　Yes, ①they are.　Some students bring lunch from home.
　　　　Others buy lunch at the cafeteria.

Hana:　②(boy / is / what / eating / the)?

Mark:　He's eating a taco.　It's a popular food from Mexico.

❶ 下線部①が指すものを英語 2 語で答えなさい。 (5点)

❷ 下線部②が意味の通る英文になるように，（　）内の語を並べかえ，全文を答えなさい。 (5点)

❸ 本文の内容に合うように，下の（　）に適切な日本語を答えなさい。 (完答10点)
（　①　）昼食を（　②　）生徒もいれば，（　③　）昼食を（　④　）生徒もいる。

❹ マークはタコスについて何と言っているか，日本語で答えなさい。 (10点)

❺ 次の絵を見て，「〜は…しています。」という英文を 2 つ書きなさい。表 20点（各10点）

❶	❶		❷	
	❸			
❷	❶		❷	
	❸			
❸	❶			now?
	❷			now.
	❸			.
	❹			?
❹	❶			
	❷			?
	❸ ①		②	
	③		④	
	❹			
❺	・			
	・			

Step 1 **基本チェック** · **Lesson 6 Discover Japan ~ Project 2** **10分**

■ 赤シートを使って答えよう！

❶ [一般動詞の過去形（規則動詞）]

解答欄

□ **❶** 私はきのう，祖母を訪ねました。

I [visited] my grandmother yesterday.

❶

□ **❷** ケンタはこの前の水曜日にバレーボールを練習しました。

Kenta [practiced] volleyball last Wednesday.

❷

❷ [一般動詞の過去形（不規則動詞）]

□ **❶** 私はきのう，そのネコを見ました。

I [saw] the cat yesterday.

❶

□ **❷** 私たちは放課後，公園に行きました。

We [went] to the park after school.

❷

POINT

❶ [一般動詞の過去形（規則動詞）]

「…しました」と過去の動作や状態を表すときは，動詞を過去形にする。

規則動詞：動詞に-dまたは-edをつける。

・Amy enjoyed karaoke last Sunday. ［エイミーはこの前の日曜日にカラオケを楽しみました。］

 └ enjoyは〈母音字＋y〉なので，そのまま-edをつける

【規則動詞の過去形の作り方】

ほとんどの動詞	原形に-edをつける	例 play → play**ed**, clean → clean**ed**
eで終わる動詞	原形に-dをつける	例 use → use**d**, skate → skate**d**
〈子音字＋y〉で終わる動詞	yをiにかえて-edをつける	例 study → stud**ied**, carry → carr**ied**
〈短母音＋子音字〉で終わる動詞	子音字を重ねて-edをつける	例 drop → drop**ped**

❷ [一般動詞の過去形（不規則動詞）]

不規則動詞：不規則に変化する。

・Amy went to Hiroshima last year.

 └ goの過去形

［エイミーは昨年，広島へ行きました。］

【不規則動詞の例】

原形	過去形	原形	過去形	原形	過去形
go	**went**	have	**had**	see	**saw**
eat	**ate**	buy	**bought**	do	**did**
take	**took**	say	**said**	make	**made**
swim	**swam**	teach	**taught**		

❸ [一般動詞の過去形（疑問文）]

□ **❶** あなたはきのう，テニスをしましたか。
── はい，しました。／いいえ，しませんでした。
[Did] you play tennis yesterday?
── Yes, I [did]. / No, I [didn't].

□ **❷** あなたはきのう，何をしましたか。── 私はテレビを見ました。
[What] [did] you do yesterday? ── I [watched] TV.

❹ [一般動詞の過去形（否定文）]

□ **❶** 私は昨年，京都を訪れませんでした。
I [did] [not] visit Kyoto last year.

❺ [なんと…！（感嘆文）]

□ **❶** なんと大きな家でしょう。
[What] [a] big house!

❻ […へはどうやって行けますか。]

□ **❶** 私はどうやってわかば駅に行けますか。
[How] can I get to Wakaba Station?

解答欄

❶

❷

❶

❶

❶

POINT

❸ [一般動詞の過去形（疑問文）]

肯定文　Amy enjoyed karaoke last Sunday.

疑問文　Did Amy enjoy karaoke last Sunday?
文の最初にDid　└動詞の原形　　[エイミーはこの前の日曜日にカラオケを楽しみましたか。]

応答文　── Yes, she did. / No, she did not.　[はい，楽しみました。
答えの文でもdidを使う┘　└短縮形はdidn't　／いいえ，楽しみませんでした。]

❹ [一般動詞の過去形（否定文）]

肯定文　Amy　　　enjoyed karaoke last Sunday.

否定文　Amy did not enjoy karaoke last Sunday.
動詞の前にdid not┘　└動詞の原形　[エイミーはこの前の日曜日にカラオケを楽しみませんでした。]

❺ [なんと…！（感嘆文）]　おどろきを表す。
・What a pretty scarf!　[なんとかわいいスカーフなんでしょう。]

「！」は感嘆符というよ。

❻ […へはどうやって行けますか。]
「…へはどうやって行けますか。」→〈How can I get to …?〉
・How can I get to the museum?　[私はどうやってその博物館に行けますか。]

Step 2 予想問題 : Lesson 6 Discover Japan ～ Project 2

40分
(1ページ10分)

❶ **❶～❻は単語の意味を書き，❼～⓬は日本語を英語にしなさい。**

💡ヒント

☐ **❶** week （　　　　　　） ☐ **❷** remember （　　　　　　）

☐ **❸** experience （　　　　　　） ☐ **❹** drop （　　　　　　）

☐ **❺** thick （　　　　　　） ☐ **❻** pretty （　　　　　　）

☐ **❼** 待つ ＿＿＿＿＿ ☐ **❽** 庭；庭園；畑；菜園＿＿＿＿＿

☐ **❾** 参加する, 加わる＿＿＿＿＿ ☐ **❿** 景色 ＿＿＿＿＿

☐ **⓫** 勝つ, 受賞する＿＿＿＿＿ ☐ **⓬** 種類 ＿＿＿＿＿

❷ **次の各語で，最も強く発音する部分の記号を〇で囲みなさい。**

☐ **❶** pen-guin
　　ア　イ

☐ **❷** al-read-y
　　ア　イ　ウ

☐ **❸** sight-see-ing
　　ア　イ　ウ

❸ **次の日本語に合う英文になるように，（　）内に入れるのに最も適切な語を選び，記号を〇で囲みなさい。**

☐ **❶** 私はきのう昼食を作りました。

I（　　）lunch yesterday.

㋐ cook　　㋑ cooks　　㋒ cooked

☐ **❷** 私の弟はこの前の日曜日，山に登りませんでした。

My brother did not（　　）the mountains last Sunday.

㋐ climb　　㋑ climbs　　㋒ climbed

☐ **❸** あなたは昨夜，鍵を落としましたか。

（　　）you drop the key last night?

㋐ Are　　㋑ Do　　㋒ Did

☐ **❹** あなたたちはきのうどこでサッカーをしましたか。

──私たちは学校でそれをしました。

①（　　）did you play soccer yesterday?

──②We（　　）it at school.

① ㋐ What　　㋑ Who　　㋒ Where

② ㋐ play　　㋑ plays　　㋒ played

ヒント欄:

❶
❺❻ものや人の状態や様子を表す形容詞。

❷
❶日本語の「ペンギン」とは発音もアクセントの位置も異なる。

❸
❶過去の文なので，動詞を過去形にする。
❷過去の否定文。
❸過去の疑問文。
❹①「どこで」を表す語を入れる。

❹ 次の日本語に合う英文になるように，
　　　　　に適切な語を書きなさい。

☐❶ 佐藤先生は昨年，私たちに数学を教えてくれました。
　Ms. Sato ＿＿＿＿＿＿＿ math to us ＿＿＿＿＿＿＿ year.

☐❷ 郵便局はどこですか。—— それはあなたの右側です。
　＿＿＿＿＿＿＿＿＿＿＿＿＿＿ a post office?
　—— It's ＿＿＿＿＿＿＿ your right.

☐❸ 私はきのう，コンピューターを使いませんでした。
　I ＿＿＿＿＿＿＿ ＿＿＿＿＿＿＿ a computer yesterday.

☐❹ あなたは今朝，イヌを散歩させましたか。——はい，させました。
　＿＿＿＿＿＿＿ you ＿＿＿＿＿＿＿ your dog this morning?
　—— Yes, ＿＿＿＿＿＿＿＿＿＿＿＿＿.

☐❺ なんてすてきなTシャツでしょう。
　＿＿＿＿＿＿＿＿＿＿＿＿ a nice T-shirt!

❹
❶teach「教える」は不規則動詞。
❷場所をたずねるとき，説明するときに使う表現。
❸❹ ✕ ミスに注意
否定文や疑問文では，動詞は原形にする。
❺感嘆文。

❺ 次の日記を読んで，「私はきのう…しました。」という英文になるように，下の　　　　から動詞を選び，適切な形に直して　　　に書きなさい。

〈日記〉
> ❶ 英語を勉強した。
> ❷ 図書館に行った。
> ❸ 夕食を6時に食べた。
> ❹ 音楽を聞いた。
> ❺ 公園で数枚の写真を撮った。

❺
日記に合う動詞を選び，過去形にする。

規則動詞の作り方はp.36で確認しよう。

☐❶ I ＿＿＿＿＿＿＿ English yesterday.

☐❷ I ＿＿＿＿＿＿＿ to the library yesterday.

☐❸ I ＿＿＿＿＿＿＿ dinner at six yesterday.

☐❹ I ＿＿＿＿＿＿＿ to music yesterday.

☐❺ I ＿＿＿＿＿＿＿ some pictures in the park yesterday.

go	listen	take	have	study

Lesson 6 ~ Project 2

6 次の英文を（　）内の指示にしたがって書きかえるとき，
　　　 _____ に適切な語を書きなさい。

☐ **1** I practice judo <u>every day</u>. （下線部をyesterdayにかえて）
I _____ judo yesterday.

☐ **2** She bought a new umbrella. （否定文に）
She _____ _____ _____ a new
umbrella.

☐ **3** I enjoyed the concert last night. （否定文に）
I _____ _____ the concert last night.

☐ **4** Ken ate a lot last night. （疑問文にして，Noで答える文に）
_____ Ken _____ a lot last night?
—— No, he _____ .

☐ **5** Kate wanted <u>a bag</u>. （下線部をたずねる疑問文に）
_____ _____ Kate _____ ?

7 次の英文に対する適切な応答文を，
　　　（　）内の指示にしたがって書きなさい。

☐ **1** Did Mark and Kate see the view at night? （Noで答える）
_____

☐ **2** Did the letter from Eri touch your heart? （Yesで答える）
_____

☐ **3** Where did you and Shota play basketball yesterday?
（「体育館でそれをしました。」と答える）
_____

☐ **4** What time did you go to bed last night?
（「11時に寝ました。」と答える）
_____

☐ **5** What did you do last Sunday? （自分にあてはめて答えよう）
_____

8 次の英文を日本語にしなさい。

☐ **1** I swam in the sea last week.
（　　　　　　　　　　　　　　　　　　　　　　　）

ヒント

6
2 bought は過去形。
原形を考えよう。
4 ate は過去形。原形
を考えよう。
5「ケイトは何がほし
かったのですか。」と
いう文に。

7 **✕| ミスに注意**
12 答えの文の主語は
代名詞にしよう。
5 この前の日曜日にし
たことを英語で言っ
てみよう。

☐ ❷ How can I get to the bakery? ── Go straight.

(   )

☐ ❸ I took a trip to Hawaii last summer.

(   )

☐ ❹ They did not win the soccer game.

(   )

❾ 次の日本語に合う英文になるように，（ ）内の語句を並べかえなさい。ただし，下線のついている語は，必要があれば適切な形に直しなさい。

☐ ❶ 私の姉はきのう，バスケットボールをしませんでした。

(basketball / my sister / not / did / <u>play</u>) yesterday.

_____ yesterday.

☐ ❷ 私は2日前にそのカップを落としました。

I (the cup / ago / <u>drop</u> / days / two).

I _____ .

☐ ❸ あなたはきょう，鈴木先生と話しましたか。

(<u>talk</u> / today / Mr. Suzuki / you / with / did)?

_____ ?

☐ ❹ 彼女は先週，ケイトを見ました。

(Kate / week / she / <u>see</u> / last).

_____ .

❿ 次の日本語を（ ）内の語数で英文にしなさい。

☐ ❶ 私は今朝，父を手伝いました。（6語で）

_____

☐ ❷ 私は初めて富士山に登りました。（8語で）

_____

☐ ❸ 彼はここで1時間待ちましたか。（7語で）

── いいえ，待ちませんでした。（3語で）

_____

── _____

☐ ❹ 彼女はきのう，宿題をしませんでした。（6語で）

_____

Step 3 予想テスト Lesson 6 Discover Japan ～ Project 2

30分 /100点 目標80点

❶ 次の日本語に合う英文になるように，＿＿に適切な語を書きなさい。 知 15点（各完答5点）

① 私は先月，北海道でスキーをしました。 I ＿＿＿ in Hokkaido ＿＿＿ month.

② ケイトは3日前にその映画を見ました。 Kate ＿＿＿ the movie three days ＿＿＿.

③ マークは音楽会でピアノを演奏しませんでした。

Mark ＿＿＿ ＿＿＿ the piano at the concert.

❷ 次の＿＿に入る適切な語を，下の□□から選んで書きなさい。ただし，必要があれば適切な形に直すこと。 知 15点（各3点）

① I ＿＿＿ a bath two hours ago.

② My father ＿＿＿ breakfast last Sunday.

③ My brother ＿＿＿ science to me last week.

④ I ＿＿＿ the museum yesterday.

⑤ Did you ＿＿＿ Mt. Fuji?

climb　make　take　visit　teach

❸ 次の対話が成り立つように，＿＿に適切な語を書きなさい。 知 20点（各完答5点）

① A: ＿＿＿ you live in Sapporo two years ago?
B: Yes, I ＿＿＿.

② A: ＿＿＿ your mother clean the kitchen?
B: No, she ＿＿＿. My sister cleaned it.

③ A: ＿＿＿ can I get to the station?
B: Turn right ＿＿＿ the third corner. It's on your left.

④ A: ＿＿＿ did you do your homework?
B: I ＿＿＿ my homework in the library.

❹ 次の対話文を読んで，あとの問いに答えなさい。 知 30点

Dinu: Did you enjoy your trip?

Kate: ＿①＿ I enjoyed sightseeing and shopping. I bought this.

Dinu: I ②(see) it on your blog. What a pretty scarf!

Kate: Thanks. It's not really a scarf. It's a *furoshiki*. I can carry many things in it.

❶ 文中の ① に入る適切な英文を次の中から1つ選び，記号で答えなさい。 (5点)

　　㋐ Yes, I do.　　㋑ No, I don't.　　㋒ Yes, I did.　　㋓ No, I didn't.

❷ ②の（　）内の語を適切な形に直しなさい。 (5点)

❸ ケイトは，ふろしきは何をすることができると言っていますか。日本語で答えなさい。 (10点)

❹ 本文の内容に合うものを，次の中から1つ選び，記号で答えなさい。 (10点)

　　㋐ ケイトは旅行で観光と買い物を楽しんだ。

　　㋑ ディヌーはケイトが買ったものはふろしきだと知っていた。

　　㋒ ケイトは旅行でスカーフを買った。

❺ 次のメモを参考にして，英語の日記を完成させなさい。表 20点（各10点）

〈メモ〉

11月13日（日）
家族といっしょに動物園に行った。
そこで何枚か写真を撮った。
私たちはその日を楽しんだ。

Sunday, November 13
❶ ＿＿＿＿＿＿＿＿＿＿＿＿＿＿＿
❷ ＿＿＿＿＿＿＿＿＿＿＿＿＿＿＿
We enjoyed the day.

❶	❶			❷	
	❸				
❷	❶		❷		❸
	❹		❺		
❸	❶			❷	
	❸			❹	
❹	❶	❷			
	❸				
	❹				
❺	❶				
	❷				

Step 1 基本チェック ● Lesson 7 Wheelchair Basketball ～文法のまとめ⑦

 10分

■ 赤シートを使って答えよう！

❶ [be動詞の過去形]

解答欄

☐ ❶ 私の父は昨夜，つかれていました。

My father [was] tired last night.

❶ _____

☐ ❷ マークと私は昨年，音楽部に入っていました。

Mark and I [were] in the music club last year.

❷ _____

☐ ❸ 私は 2 年前，東京にいませんでした。

I [was] [not] in Tokyo two years ago.

❸ _____

☐ ❹ これらの本はおもしろくありませんでした。

These books [weren't] interesting.

❹ _____

☐ ❺ あなたはその時公園にいましたか。

—— はい，いました。／いいえ，いませんでした。

[Were] [you] in the park then?

—— Yes, I [was]. / No, I [wasn't].

❺ _____

POINT

❶ [～は…でした。(be動詞の過去形)]

「…でした。」，「…にいました
[ありました]。」と過去の状態
を表すときは，be動詞を過去形
にする。

【be動詞の使い分け】

	原形	現在形	過去形
主語がIのとき	be	am	was
主語が 3 人称単数のとき		is	
主語がyou，複数のとき		are	were

肯定文 ・My father was a soccer fan then. ［私の父はその時サッカーのファンでした。］
└ 主語が 3 人称単数(isの過去形)

・My parents were soccer players then. ［私の両親はその時サッカー選手でした。］
└ 主語が複数(areの過去形)

※疑問文や否定文の作り方は，be動詞の現在の文と同じ。

疑問文 ・Was your father a soccer fan then? ［あなたのお父さんはその時サッカーのファンでしたか。］
└ 主語の前にwasを出す

応答文 —— Yes, he was. / No, he was not. ［はい，ファンでした。／いいえ，ファンではありませ
└ 短縮形はwasn't んでした。］

否定文 ・My father was not a soccer fan then. ［私の父はその時サッカーのファンではありませんで
└ be動詞の後ろにnotを置く した。］

❷ [～は…していました。]

□❶ 私はその時テニスをしていました。

　I [was] [playing] tennis then.

❶

□❷ 私の友達は教室をそうじしていました。

　My friends [were] [cleaning] the classroom.

❷

□❸ あなたはその時，何をしていましたか。

　── 私は本を読んでいました。

　[What] [were] you [doing] then?

　── I [was] [reading] a book.

❸

❸ […に見えます。]

□❶ あなたはつかれているように見えます。

　You [look] tired.

❶

□❷ マークはきのう，うれしそうに見えました。

　Mark [looked] happy yesterday.

❷

POINT

❷ [～は…していました。（過去進行形）]

「…していました。」と過去のある時点で進行中の動作を表すときは，

〈be動詞の過去形＋動詞の -ing形〉で表す。

肯定文 ・I was watching TV then.　[私はその時テレビを見ていました。]

　　└ amの過去形

　※疑問文や否定文の作り方は，現在進行形の文と同じ。

疑問文 ・Were you watching TV then?　[あなたはその時テレビを見ていましたか。]

　　└ 主語の前にWereを出す

応答文 　── Yes, I was. / No, I was not.　[はい，見ていました。／いいえ，見ていませんでした。]

　　└ 短縮形はwasn't

否定文 ・I was not watching TV then.　[私はその時テレビを見ていませんでした。]

　　└ wasの後ろにnotを置く

❸ […に見えます。（look＋A）]

「A（の状態）に見えます」は〈look＋A〉で表す。　※Aには形容詞が入ることが多い。

・You look happy.　[あなたはうれしそうに見えます。]

　　└ 形容詞

「見る」を表すほかの動詞seeや watchにはこの意味はないよ。

45

Step 2 予想問題 : Lesson 7 Wheelchair Basketball ～文法のまとめ⑦

40分
(1ページ10分)

❶ ❶～❻は単語の意味を書き，❼～⓬は日本語を英語にしなさい。 ヒント

□❶ always （　　　　　） □❷ realize （　　　　　）

□❸ mind （　　　　　） □❹ lose （　　　　　）

□❺ national （　　　　　） □❻ person （　　　　　）

□❼ 電話(をすること)＿＿＿＿＿ □❽ それでも ＿＿＿＿＿

□❾ 難しい，困難な＿＿＿＿＿ □❿ 機会を逃す ＿＿＿＿＿

□⓫ 変える，取り替える＿＿＿＿＿ □⓬ 質問，問い ＿＿＿＿＿

❶
❶頻度を表す副詞。

頻度が高い順に
always＞usually＞
often＞sometimes
となる。

❾反意語はeasy。

❷ 次の各語で，最も強く発音する部分の記号を〇で囲みなさい。

□❶ team-mate
　　　ア　　イ

□❷ en-er-gy
　　　ア　イ　ウ

□❸ pa-ja-mas
　　　ア　イ　ウ

❸ 次の日本語に合う英文になるように，（　）内に入れるのに最も
適切な語句を選び，記号を〇で囲みなさい。

□❶ 私は昨年，学生でした。

I （　　） a student last year.

㋐ am 　 ㋑ are 　 ㋒ was 　 ㋓ were

□❷ 彼らはその時イヌを散歩させていましたか。

①（　　） they ②（　　） their dog then?

① ㋐ Do 　 ㋑ Are 　 ㋒ Was 　 ㋓ Were

② ㋐ walk 　 ㋑ walks 　 ㋒ walked 　 ㋓ walking

□❸ あなたはがっかりしているように見えます。

You （　　） depressed.

㋐ look 　 ㋑ watch 　 ㋒ see 　 ㋓ look at

□❹ おもしろそうだね。

（　　） fun.

㋐ It's 　 ㋑ That is 　 ㋒ You're 　 ㋓ Sounds like

❸
❶過去の文なので，
be動詞を過去形に
する。
❷過去進行形の疑問文。
❸「…のように見える」
というときに使う動
詞を入れる。
❹「…のように思われ
る」という表現を使
う。

点UP

💡ヒント

❹ 次の日本語に合う英文になるように，
_____ に適切な語を書きなさい。

❹
❶「…にいる」はbe動
詞で表す。
❷「入浴する」はtake a
bath。

☐ ❶ 彼らは公園にいました。

They _____ in the park.

☐ ❷ 私の兄はその時入浴していました。

My brother _____ _____ a bath then.

☐ ❸ 彼は悲しそうに見えました。

He _____ sad.

☐ ❹ あなたはその時新聞を読んでいましたか。

―― いいえ，読んでいませんでした。

_____ you _____ a newspaper then?

―― No, _____ _____.

❺ 次の絵を見て，「～は…していました。」という英文になるよう
に，下の ▭ から動詞を選び，適切な形に直して _____ に書きな
さい。ただし，同じ語をくりかえし使ってもよい。

❺
過去進行形の文〈be動
詞の過去形＋動詞の
-ing形〉にする。
❶～❺ ❌ミスに注意
【ingのつけ方】
・ほとんどの動詞：そ
のままingをつける。
例play→playing
・eで終わる動詞：e
をとってingをつけ
る。
例skate→skating
・〈短母音＋子音字〉で
終わる動詞：子音字
を重ねてingをつけ
る。
例get→getting

❶ 　❷ 　❸

❹ 　❺

☐ ❶ I _____ _____ cookies.

☐ ❷ They _____ _____ in the park.

☐ ❸ We _____ _____ math.

☐ ❹ My mother _____ _____ a carrot.

☐ ❺ Mark _____ _____ a computer.

be	study	bake	use	cut	run

Lesson 7 ～ 文法のまとめ⑦

❻ 次の英文を（　）内の指示にしたがって書きかえるとき，
＿＿＿に適切な語を書きなさい。

☐ ❶ We are classmates.　（文末に three years ago を加えて）
　　We ＿＿＿＿＿＿ classmates three years ago.

☐ ❷ Mark made lunch.　（「…していました。」という文に）
　　Mark ＿＿＿＿＿＿ ＿＿＿＿＿＿ lunch.

☐ ❸ Daiki is sick.　（「…のように見えます。」という文に）
　　Daiki ＿＿＿＿＿＿ sick.

☐ ❹ My brother and I were swimming then.　（否定文に）
　　My brother and I ＿＿＿＿＿＿ ＿＿＿＿＿＿ then.

☐ ❺ Kate was in the park an hour ago.　（下線部をたずねる疑問文に）
　　＿＿＿＿＿＿ ＿＿＿＿＿＿ Kate an hour ago?

☐ ❻ Eri and her sister were playing with their dog then.
　　（下線部をたずねる疑問文に）
　　＿＿＿＿＿＿ ＿＿＿＿＿＿ Eri and her sister
　　＿＿＿＿＿＿ then?

❼ 次の英文に対する適切な応答文を，
（　）内の指示にしたがって書きなさい。

☐ ❶ Were you and your brother bored then?　（Yesで答える）

☐ ❷ Did Ms. Brown look angry?　（Noで答える）

☐ ❸ Where was Shota playing tennis?
　　（「公園でそれをしていました。」と答える）

☐ ❹ Who was in the gym then?　（「数人の中学生がいました。」と答える）

☐ ❺ What were you doing at eight last night?
　　（自分にあてはめて答えよう）

8 次の英文を日本語にしなさい。

□ **1** Above all, I like music.

（　　　　　　　　　　　　　　）

□ **2** Yuki was not in the classroom ten minutes ago.

（　　　　　　　　　　　　　　）

□ **3** I worked out a problem.

（　　　　　　　　　　　　　　）

□ **4** Mr. Sasaki looks surprised.

（　　　　　　　　　　　　　　）

9 次の日本語に合う英文になるように，（　）内の語句を並べかえなさい。ただし，下線のついている語は，必要があれば適する形に直しなさい。

□ **1** この質問は難しくありませんでした。

(difficult / not / this question / is).

＿＿＿＿＿＿＿＿＿＿＿＿＿＿＿＿＿＿＿＿ .

□ **2** 私の妹はその時手紙を書いていました。

(a letter / my sister / write / then / is).

＿＿＿＿＿＿＿＿＿＿＿＿＿＿＿＿＿＿＿＿ .

□ **3** 私はサッカーの大ファンです。 (a / soccer / big / of / be / fan / I).

＿＿＿＿＿＿＿＿＿＿＿＿＿＿＿＿＿＿＿＿ .

□ **4** 彼女たちはベンチに座っていましたか。

(a bench / they / sit / on / are)?

＿＿＿＿＿＿＿＿＿＿＿＿＿＿＿＿＿＿ ?

10 次の日本語を（　）内の語数で英文にしなさい。

□ **1** その歌はとても人気がありました。（5語で）

＿＿＿＿＿＿＿＿＿＿＿＿＿＿＿＿＿＿＿＿

□ **2** あなたのお母さんはその時何をしていましたか。（6語で）
　　──ラジオを聞いていました。（6語で）

＿＿＿＿＿＿＿＿＿＿＿＿＿＿＿＿＿＿＿＿

＿＿＿

□ **3** 私たちは放課後，図書館にいました。（7語で）

＿＿＿＿＿＿＿＿＿＿＿＿＿＿＿＿＿＿＿＿

ヒント

8 ✕ミスに注意
2 be動詞の過去の否定文。
・〈was[were]＋名詞・形容詞〉：「…でした」
・〈was[were]＋場所を表す語句〉：「…にいました，…にありました」

9 ✕ミスに注意
日本語から，現在の文か過去の文かを判断しよう。進行形のときは，一般動詞の形にも注意すること。

10
2「何」を表す疑問詞で文を始める。
3「…にいました。」はbe動詞の過去形で表す。

Lesson7 ～ 文法のまとめ⑦

Step 3 予想テスト ・ Lesson 7 Wheelchair Basketball 〜文法のまとめ⑦

30分 /100点 目標 80点

❶ 日本語に合う英文になるように，____ に適切な語を書きなさい。 知   20点（各完答5点）

① あなたはきのう，忙しかったですか。

_____ you _____ yesterday?

② 私はその時宿題をしていました。

I _____ _____ my homework then.

③ 数人の男の子が音楽に合わせて踊っていました。

Some boys _____ _____ to music.

④ 彼女は怒っているように見えません。

She _____ _____ angry.

❷ 次の対話が成り立つように，____ に適切な語を書きなさい。 知   15点（各完答5点）

① *A:* _____ you in the gym then?

B: _____, I _____. I was in the classroom.

② *A:* _____ _____ your brother doing at that time?

B: He was surfing the Internet.

③ *A:* _____ _____ they two hours ago?

B: They _____ in the restaurant.

❸ 次の日本語に合う英文になるように，（ ）内の語句を並べかえなさい。ただし，下線のついている語は必要があれば適切な形に直しなさい。 知   15点（各5点）

① その本はおもしろかったですか。

(is / interesting / the book)?

② 私はその時公園でジョギングをしていませんでした。

(the park / I / jog / not / am / in) then.

③ ケイトは写真を何枚か撮っていました。

(some / Kate / pictures / take / is).

❹ 次のマークのメッセージを読んで，あとの問いに答えなさい。 知   30点

Today I was in a wheelchair basketball program with my friends. We watched a game. The players used special wheelchairs on the court. Everybody shot the ball really well. They（ ① ）amazing. Then we tried wheelchair basketball. It（ ② ）fun.

❶ 文中の①，②の（　）内に入る適切なbe動詞を答えなさい。 (各3点)

❷ 本文の内容について次の質問に英語で答えなさい。
ただし，主語と動詞のある文で答えること。 (各10点)

　㋐ Where did the players use special wheelchairs?

　㋑ Did the players shoot the ball really well?

❸ 本文の内容に合うものを，次の中から1つ選び，記号で答えなさい。 (4点)

　㋐ マークは車いすバスケットボールの番組を見た。

　㋑ マークは車いすバスケットボールの試合に出た。

　㋒ マークは車いすバスケットボールをやってみた。

❺ 次の絵を見て，「昨夜9時に〜は…していました。」という英文を2つ作りなさい。[表]

20点(各10点)

❶	❶		❷	
	❸		❹	
❷	❶		❷	
	❸			
❸	❶			?
	❷			then.
	❸			.
❹	❶ ①		②	
	❷ ㋐			
	㋑			
	❸			
❺	・			
	・			

Lesson 7 〜 文法のまとめ⑦

Step 1 基本チェック

Lesson 8 Green Festival ～ Project 3

10分

■ 赤シートを使って答えよう！

❶ […でしょう。]

解答欄

☐ **❶** 明日は雨でしょう。

It [will] [be] rainy tomorrow.

❶ _____

☐ **❷** 彼らは今度の夏，沖縄に行くでしょう。

They [will] [go] to Okinawa next summer.

❷ _____

☐ **❸** 私は明日，早く起きないでしょう。

I [will] [not] get up early tomorrow.

❸ _____

☐ **❹** 私の弟はきょう，宿題をしないでしょう。

My brother [won't] [do] his homework today.

❹ _____

☐ **❺** 私たちはその行事のためにいくつか箱が必要でしょうか。

── はい，必要でしょう。／いいえ，必要ではないでしょう。

[Will] we [need] any boxes for the event?

── Yes, we [will]. / No, we [won't].

❺ _____

POINT

❶ […でしょう。（未来を表す表現will）]

未来のことについて言うとき，willを使う。

「…でしょう。」→〈will＋動詞の原形〉

肯定文 ・It will be cold tomorrow. [明日は寒くなるでしょう。]

└─ 動詞の原形

疑問文 ・Will it be cold tomorrow? [明日は寒くなるでしょうか。]

└─ 主語の前にwillを出す

応答文 ── Yes, it will. / No, it will not. [はい，寒くなるでしょう。／いいえ，寒くならないでしょう。]

└─ 短縮形はwon't

否定文 ・It will not be cold tomorrow. [明日は寒くならないでしょう。]

└─ willの後ろにnotを置く

〈ときを表す語句〉

明日	tomorrow	来週	next week
あさって	the day after tomorrow	来月	next month
今週末	this weekend	来年	next year

❷ […するつもりです。]

□ ❶ ケンは来週，演説をするつもりです。

Ken [is] [going] [to] make a speech next week.

□ ❷ 私は今度の日曜日，買い物に行くつもりではありません。

I'm [not] [going] [to] go shopping next Sunday.

□ ❸ あなたは明日，何をする予定ですか。

—— 私は山に登る予定です。

[What] [are] you [going] to do tomorrow?

—— [I'm] going to [climb] the mountains.

❸ […してくれませんか。]

□ ❶ 夕食を作ってくれませんか。

[Can] [you] cook dinner?

□ ❷ 歌を歌ってくれませんか。

[Can] [you] sing a song?

| ❶ |
| ❷ |
| ❸ |
| ❶ |
| ❷ |

POINT

❷ […するつもりです。(未来を表す表現 be going to …)]

すでに予定されている未来を言うとき，〈be going to …〉を使う。

「…するつもりです。」→〈be動詞 + going to + 動詞の原形〉

肯定文 ・I am going to clean the park tomorrow.　[私は明日，公園をそうじするつもりです。]

└ 動詞の原形

疑問文 ・Are you going to clean the park tomorrow?

└ 文の最初にbe動詞　　　　　　　　[あなたは明日，公園をそうじするつもりですか。]

応答文 　—— Yes, I am. / No, I am not.

　　　　　　　　[はい，そうじするつもりです。／いいえ，そうじするつもりではありません。]

否定文 ・I am not going to clean the park tomorrow.

└ be動詞の後ろにnotを置く　　　　[私は明日，公園をそうじするつもりではありません。]

❸ […してくれませんか。(依頼する文)]

「…してくれませんか。」→〈Can you + 動詞の原形 …?〉

・Can you make the bed?　[ベッドを整えてくれませんか。]

　—— Yes, of course.　[もちろん。]

❶ ❶～❻は単語の意味を書き，❼～⓬は日本語を英語にしなさい。 🔑ヒント

- ☐❶ exam （　　　　）
- ☐❷ behind （　　　　）
- ☐❸ generation （　　　　）
- ☐❹ maybe （　　　　）
- ☐❺ similar （　　　　）
- ☐❻ increase （　　　　）
- ☐❼ 食べものを与える＿＿＿
- ☐❽ 情報＿＿＿
- ☐❾ 祝日，休日＿＿＿
- ☐❿ 決定する，(心に)決める＿＿＿
- ☐⓫ 窓＿＿＿
- ☐⓬ いっしょに使う，共有する＿＿＿

❶
❾国や州など法律で決められた祝日を指す。

vacationは「休暇」や「休日」を指すよ。

❷ 次の各語で，最も強く発音する部分の記号を〇で囲みなさい。

- ☐❶ plas-tic　　ア　イ
- ☐❷ web-site　　ア　イ
- ☐❸ sit-u-a-tion　　ア　イ　ウ　エ

❸ 次の日本語に合う英文になるように，（　）内に入れるのに最も適切な語句を選び，記号を〇で囲みなさい。

- ☐❶ 私は明日，クッキーを焼くでしょう。
  I (　　) bake cookies tomorrow.
  ⑦ am going　⑦ will be　⑦ will　⑦ be going to
- ☐❷ 彼女は来月，富士山に登るでしょう。
  She will (　　) Mt. Fuji next month.
  ⑦ climb　⑦ climbs　⑦ climbed　⑦ climbing
- ☐❸ 彼女は腕時計を買うつもりです。
  She (　　) to buy a watch.
  ⑦ will　⑦ is going　⑦ going　⑦ are going
- ☐❹ 私は明日，朝食を作るつもりではありません。
  I (　　) going to cook breakfast tomorrow.
  ⑦ am not　⑦ will not　⑦ do not　⑦ did not
- ☐❺ 窓を開けてくれませんか。
  (　　) you open the window?
  ⑦ Are　⑦ Do　⑦ Can　⑦ Did

❸
❶～❹空所の前後に注意して，willとbe going toを使い分けよう。
❸❹ ✕ミスに注意
be going to の be は主語によって使い分ける。
❺「…してくれませんか。」と相手に依頼するときの文。

点UP

❹ 次の日本語に合う英文になるように，
_____ に適切な語を書きなさい。

☐❶ マークと私は図書館で宿題をするつもりです。

Mark and I _____ _____ to do our homework
in the library.

☐❷ 私の父は明日，早く家を出るでしょう。

My father _____ _____ home early tomorrow.

☐❸ 明日の天気はどうなるでしょうか。
── 雨でしょう。

_____ _____ the weather be tomorrow?

── It _____ _____ rainy.

☐❹ 私はきょう，台所をそうじするつもりではありません。

_____ _____ going to _____ the
kitchen today.

☐❺ きょうの午後，私を手伝ってくれませんか。

_____ _____ me this
afternoon?

☐❻ 山中先生はきょう演説をします。

Mr. Yamanaka will _____ a _____ today.

☐❼ もう一度言ってくれませんか。

Can you _____ that _____?

❺ 次の天気予報に合うように，_____ に適切な語を書きなさい。

〈天気予報〉

きのう…晴れ
きょう…雪
明日…くもり

☐❶ It _____ sunny yesterday.

☐❷ It _____ snowy today.

☐❸ It _____ _____ cloudy tomorrow.

❹
❶主語が複数。
❸「どう」と状態をたず
ねる疑問詞で文を始
める。
❹be going toの否定
文。空所の数から短
縮形を使う。あとの
動詞は原形。
❺「…してくれません
か。」と相手に依頼す
る文。

❺ ✕ ミスに注意
それぞれの時制に注意
する。「きのう」のこと
は過去，「きょう」のこ
とは現在，「明日」のこ
とは未来。

Lesson 8 ~ Project 3

ヒント

❻ 次の英文を（ ）内の指示にしたがって書きかえるとき，
　　＿＿＿に適切な語を書きなさい。

☐❶ He studies math <u>every day</u>.　（下線部をtomorrowにして）
　　＿＿＿＿＿＿＿＿＿＿ going to ＿＿＿＿＿＿＿＿ math tomorrow.

☐❷ She is busy <u>now</u>.　（下線部をnext weekにして）
　　She ＿＿＿＿＿＿＿＿＿＿ ＿＿＿＿＿＿＿＿＿＿ busy next week.

☐❸ My sister will get up early tomorrow.　（否定文に）
　　My sister ＿＿＿＿＿＿＿＿＿＿＿＿＿＿＿＿＿ get up early
　　tomorrow.

☐❹ Kate is going to practice the piano tomorrow.
　　　　　　　　　　　　　（疑問文にして，Noで答える文に）
　　＿＿＿＿＿＿＿ Kate ＿＿＿＿＿＿＿ to ＿＿＿＿＿＿ the
　　piano tomorrow?
　　── No, she ＿＿＿＿＿＿＿.

☐❺ <u>Mark</u> will help Mr. Brown.　（下線部をたずねる疑問文に）
　　＿＿＿＿＿＿＿＿＿ ＿＿＿＿＿＿＿＿＿ help Mr. Brown?

☐❻ They are going to stay <u>in Japan</u> next month.
　　　　　　　　　　　　　（下線部をたずねる疑問文に）
　　＿＿＿＿＿＿＿＿＿＿＿＿＿＿＿＿＿ they going to stay next month?

❼ 次の英文に対する応答として適切なものを，
　　（ ）内を参考に英語で書きなさい。

☐❶ Are you going to visit Kumamoto next weekend?　（Yesで答える）
　　＿＿＿＿＿＿＿＿＿＿＿＿＿＿＿＿＿＿＿＿＿＿＿＿＿＿

☐❷ Will Ms. Sato draw a picture?　（Noで答える）
　　＿＿＿＿＿＿＿＿＿＿＿＿＿＿＿＿＿＿＿＿＿＿＿＿＿＿

☐❸ What will Risa eat for dinner?　（「すしを食べるでしょう。」と答える）
　　＿＿＿＿＿＿＿＿＿＿＿＿＿＿＿＿＿＿＿＿＿＿＿＿＿＿

☐❹ Who is going to do volunteer work?　（「タクマとユカです。」と答える）
　　＿＿＿＿＿＿＿＿＿＿＿＿＿＿＿＿＿＿＿＿＿＿＿＿＿＿

☐❺ What are you going to do next Sunday?
　　　　　　　　　　　　　（自分にあてはめて答えよう）
　　＿＿＿＿＿＿＿＿＿＿＿＿＿＿＿＿＿＿＿＿＿＿＿＿＿＿

❻
❶❷未来の文にする。
　未来の文では，動詞
　は原形。
❸notの位置に注意。
❺「だれ」とたずねる文
　に。
❻場所をたずねる文に。

❼
❶be動詞の疑問文に
　対する答え方と同じ。
❸「すし」はsushi。
❹疑問詞が主語の文。
　答えの文の主語が複
　数になることに注意
　しよう。
❺次の日曜日の予定を
　答えよう。

8 次の英文を日本語にしなさい。

☐ ❶ We will enjoy a picnic next Saturday.

(　　　　　　　　　　　　　　　　　　　)

☐ ❷ I'm going to make sandwiches tomorrow.

(　　　　　　　　　　　　　　　　　　　)

☐ ❸ Will you come to the party the day after tomorrow?

(　　　　　　　　　　　　　　　　　　　)

☐ ❹ The number of girls increased in this school.

(　　　　　　　　　　　　　　　　　　　)

9 次の日本語に合う英文になるように，
　　（　）内の語句を並べかえなさい。

☐ ❶ 私はきょうはテレビを見ないでしょう。

(not / TV / I / today / watch / will).

　　　　　　　　　　　　　　　　　　　　　　　　　 .

☐ ❷ 私たちは明日，先生に手紙を書くつもりです。

(a letter / we / to / to / going / our teacher / are / write)
tomorrow.

　　　　　　　　　　　　　　　　　　　 tomorrow.

☐ ❸ 明日の朝は雪が積もるでしょう。

(will / it / morning / be / tomorrow / snowy).

　　　　　　　　　　　　　　　　　　　　　　　　　 .

☐ ❹ 私に英語を教えてくれませんか。

(you / to / English / can / me / teach)?

　　　　　　　　　　　　　　　　　　　　　　　 ?

10 次の日本語を（　）内の語数で英文にしなさい。

☐ ❶ 私たちは放課後，図書館で勉強するつもりです。（9語で）

☐ ❷ 来週は寒いでしょう。（5語で）

☐ ❸ これらの箱を運んでくれませんか。（5語で）

☐ ❹ あなたはいつ彼女に会うつもりですか。（5語で）

[解答 ▶ p.17]　**57**

ヒント

8
❸ Will you ...?「…しませんか。」という意味。
❹ the number of ...「…の総数」という意味。

9
❷「…に手紙を書く」は write a letter to ...。
❸ snowy は「雪の積もった」という意味の形容詞。
❹「～に…を教える」は teach ... to ～。

10
❶ 語数制限に注意する。
❷ 天候を表す文の主語は it。
❸ 相手に依頼する文。
❹「いつ」を表す疑問詞で文を始めて，疑問文の形を続ける。

Lesson 8 ~ Project 3

Step 3 予想テスト **Lesson 8 Green Festival ～ Project 3**

 30分 /100点 目標80点

❶ 次の日本語に合う英文になるように，___に適切な語を書きなさい。知　20点（各完答4点）

❶ 私は今朝，朝食にリンゴを食べるでしょう。

_____ _____ an apple for breakfast this morning.

❷ あなたは来月，東京を訪れるつもりですか。

_____ you _____ _____ visit Tokyo next month?

❸ ケイトがその質問に答えるでしょう。 Kate _____ _____ the question.

❹ ドアを開けてくれませんか。 _____ _____ _____ the door?

❺ もう一度おっしゃってください。 _____ me?

❷ 次の対話が成り立つように，___に適切な語を書きなさい。知　15点（各完答5点）

❶ A: _____ you be busy tomorrow?
　 B: No, I _____.

❷ A: _____ will the weather be next Monday?
　 B: _____ be cloudy.

❸ A: _____ _____ your brother going to do this weekend?
　 B: _____ going to watch a DVD.

❸ 次の日本語に合う英文になるように，（ ）内の語句を並べかえなさい。知　15点（各5点）

❶ マークは動物園までバスに乗るつもりです。(a bus / Mark / the zoo / take / to / will).

❷ 父は来週ハワイに滞在する予定です。
(Hawaii / to / my father / next week / in / going / stay / is).

❸ だれがこのコンピューターを使う予定ですか。
(going / this computer / who / to / use / is)?

❹ 次の会話を読んで，あとの問いに答えなさい。知　30点

Hana: Did you hear about the Green Festival? It's this weekend.
Dinu: Yeah. Are you going to be there?
Hana: ①Yes. I am going to listen to a speech on the final day. ②It's about a volunteer project.
Dinu: Interesting. Maybe I'll meet you there. When will it start?
Hana: At two.

❶ 下線部①が表す内容を次のようにまとめるとき，（ ）に適切な日本語を答えなさい。 (各5点)

ハナは（   ）にある（   ）に行くつもりだ。

❷ 下線部②が指すものを英語2語で答えなさい。 (10点)

❸ 本文の内容に合うものを，次の中から1つ選び，記号で答えなさい。 (10点)

⑦ ハナは初日にある演説を聞きたいと思っている。

④ ディヌーはボランティアについて演説をすることになっている。

⑦ 演説は2時に始まる予定だ。

❺ 次のカレンダーの内容に合うように，「ケンは次の〜曜日に…するつもりです。」という英文を2つ書きなさい。ただし，be going to …を用いること。表　　20点(各10点)

2/4	月	兄とサッカーをする
2/5	火	ギターの練習
2/6	水	本を読む
2/7	木	図書館で勉強する
2/8	金	母と夕食を作る
2/9	土	父を手伝う
2/10	日	イヌを散歩させる

❶	❶		❷		
	❸		❹		
	❺				
❷	❶		❷		
	❸				
❸	❶				.
	❷				.
	❸				?
❹	❶				
	❷		❸		
❺	·				
	·				

Step 1 基本チェック Reading for Fun Alice and Humpty Dumpty

⏱ 5分

赤シートを使って答えよう！

❶ [過去形，過去進行形]

☐❶ 私は今朝，彼に会いました。
I [saw] him this morning.

❶ _____

☐❷ 私たちはつかれていました。
We [were] tired.

❷ _____

☐❸ 彼女は駅まで走っていました。
She [was] [running] to the station.

❸ _____

❷ [所要時間や期間をたずねる疑問文]

☐❶ あなたはどのくらい長く東京にいるつもりですか。—— 2日間です。
[How] [long] will you stay in Tokyo? —— For two days.

❶ _____

❸ [発言内容を示す say]

☐❶ 私は「ありがとう」と言いました。
I [said], "Thank you."

❶ _____

POINT

❶ [過去形，過去進行形]

・Alice fell into the hole. ［アリスは穴に落ちました。］
└fall の過去形

・She was in Wonderland. ［彼女は不思議の国にいました。］
└be動詞 is の過去形

・Alice was sitting by the river. ［アリスは川のそばに座っていました。］
└「…していました。」→〈be動詞の過去形＋動詞の-ing形〉

❷ [所要時間や期間をたずねる疑問文]

「どのくらい長く…」と所要時間や期間をたずねるときは，How long で文を始める。

・How long will I fall? ［私はどのくらい長く落ちるのだろう。］
└疑問文の形を続ける

❸ [発言内容を示す say]

「～は『…』と言う。」は〈主語＋say, "…."〉〈"…," 主語＋say.〉

・She said, "My name is Alice." ［彼女は「私の名前はアリスです」と言いました。］
└発言の前に〈主語＋say[ask]〉を置く

60

Step 2 予想問題 : Reading for Fun
Alice and Humpty Dumpty

30分
(1ページ10分)

❶ ❶～❻は単語の意味を書き，❼～⓬は日本語を英語にしなさい。 🔍ヒント

☐ ❶ hole （　　　　） ☐ ❷ cry （　　　　）

☐ ❸ anyway （　　　　） ☐ ❹ tie （　　　　）

☐ ❺ wall （　　　　） ☐ ❻ shape （　　　　）

☐ ❼ (…のあとに)ついていく＿＿＿＿ ☐ ❽ (theをつけて)地面 ＿＿＿＿

☐ ❾ 小さい；年少の ＿＿＿＿ ☐ ❿ 意味する，…の意味である ＿＿＿＿

☐ ⓫ 注意深い，慎重な ＿＿＿＿ ☐ ⓬ 恐ろしい，ひどい ＿＿＿＿

❶
❾反意語はbig。

⓬この形容詞自体に「とても」の意味を含むので，ふつうvery …とは言わないよ。

❷ 次の各語で，最も強く発音する部分の記号を○で囲みなさい。

☐ ❶ bot-tom ☐ ❷ dis-ap-pear ☐ ❸ sud-den-ly
　　ア　イ 　　　　ア　イ　ウ 　　　　ア　イ　ウ

❸ 次の日本語に合う英文になるように，（　）内に入れるのに最も適切な語を選び，記号を○で囲みなさい。

☐ ❶ 彼女は「明日は忙しいだろう」と言いました。

She （　　）, "I will be busy tomorrow."

　㋐ say 　㋑ says 　㋒ said 　㋓ saying

☐ ❷ 私は本を読んでいました。

I （　　） reading a book.

　㋐ am 　㋑ was 　㋒ were 　㋓ did

☐ ❸ 彼らはそのとき教室にいました。

They （　　） in the classroom then.

　㋐ are 　㋑ was 　㋒ were 　㋓ did

❸
❷「…していました。」は過去進行形で表す。
❸主語が複数で，過去の文。

❹ 次の日本語に合う英文になるように，＿＿＿に適切な語を書きなさい。

☐ ❶ 私は彼女を少しも知りませんでした。

I ＿＿＿＿＿＿ know her ＿＿＿＿＿＿ ＿＿＿＿＿＿.

☐ ❷ 「気を付けて！」と彼は言いました。

"Be careful!" ＿＿＿＿＿＿ ＿＿＿＿＿＿.

☐ ❸ あなたはきょう，どのくらい長くピアノを練習しましたか。

＿＿＿＿＿＿ ＿＿＿＿＿＿ did you practice the piano

today?

❹
❶「少しも…ない」は not ... at allで表す。
❸「どのくらい長く」と所要時間をたずねるときに使う語句。

Reading for Fun

❺ 次の英文を（ ）内の指示にしたがって書きかえるとき，＿＿に適切な語を書きなさい。

☐❶ My sister is a student <u>now</u>.　（下線部をthree yeas agoにして）
My sister ＿＿＿＿＿＿ a student three years ago.

☐❷ I clean the bathroom <u>every day</u>.　（下線部をyesterdayにして）
I ＿＿＿＿＿＿ the bathroom yesterday.

☐❸ They swam in the sea.
（文末にthenを加えて，「…していました。」という文に）
They ＿＿＿＿＿ ＿＿＿＿＿ in the sea then.

☐❹ Kate sleeps <u>for eight hours</u> every day.
（下線部をたずねる疑問文に）
＿＿＿＿＿ ＿＿＿＿＿ ＿＿＿＿＿ Kate sleep
every day?

❻ 次の英文を日本語にしなさい。

☐❶ I was walking by the park.
（　　　　　　　　　　　　）

☐❷ What does your name mean?
（　　　　　　　　　　　　）

☐❸ Where were you thirty minutes ago?
（　　　　　　　　　　　　）

☐❹ Shota hit the ball.
（　　　　　　　　　　　　）

❼ 次の日本語を（ ）内の語数で英文にしなさい。

☐❶ 先週はとても寒かったです。（6語で）
＿＿＿＿＿＿＿＿＿＿＿

☐❷ あなたはそのとき，何をしていましたか。（5語で）
＿＿＿＿＿＿＿＿＿＿＿

☐❸ 私はきのう，このかばんを買いました。（5語で）
＿＿＿＿＿＿＿＿＿＿＿

☐❹ あなたはどのくらい長く英語を勉強しましたか。（6語で）
＿＿＿＿＿＿＿＿＿＿＿

ヒント部分：
❺ ❶「今」→「3年前」にする。❷cleanは規則動詞。❸過去進行形の文に。❹「どのくらい長く」とたずねる文に。
❻ ❶by ...は「…のそばに」。❷meanは「意味する」という意味。❸whereは場所をたずねる疑問詞。❹ミスに注意 主語が3人称単数。hitのように原形と過去形が同じ形の動詞は，前後の文脈や主語を見て，時制を判断しよう。
❼ ❶天候を表す文の主語はit。❷「何」を表す疑問詞で文を始めて，過去進行形の疑問文の形を続ける。❸「買う」buyは不規則動詞。

8 次の英文を読んで，あとの問いに答えなさい。

Alice was ①(sit) by the river. Suddenly she saw a white rabbit. The rabbit looked at his watch and said, "I'm late. I'm late." He ran into a hole in the ground and disappeared. She followed ②him.

Alice fell into the hole. Down, down, down, she fell. "How long will I fall?" she ③(think). Then Alice hit the bottom. She was in Wonderland.

ルイス・キャロル 「不思議の国のアリス」「鏡の国のアリス」より

① 下線部①，③の（ ）内の動詞を適切な形に直して書きなさい。
　①＿＿＿＿＿＿＿　　③＿＿＿＿＿＿＿

② 下線部②が指すものを英語3語で抜き出して答えなさい。
　＿＿＿＿　＿＿＿＿　＿＿＿＿

③ 本文の内容について，次の質問に日本語で答えなさい。
　アリスがウサギを見たとき，アリスはどこにいましたか。
　（　　　　　　　　　　　　　　　　　　　　　　　　　　）

④ 本文の内容について，次の質問に英語で答えなさい。
　What did the rabbit look at?
　＿＿＿＿＿＿＿＿＿＿＿＿＿＿＿

⑤ 本文の内容に合うものを次の中から1つ選び，記号で答えなさい。
　㋐　ウサギは急いでいる様子だった。
　㋑　アリスはウサギが見えなくなったので，ついていかなかった。
　㋒　アリスは川に落ちて，不思議の国にたどりついた。
　　　　　　　　　　　　　　　　　　　　（　　　）

💡ヒント

8
①①前にwasがあるので，過去進行形。
　③前後の話の流れから，時制を考える。
③場所を表す語句を見つけよう。
④主語と動詞のある文で答えよう。
⑤本文と選択肢をよく読もう。

A

① まずはテストの目標をたてよう。頑張ったら達成できそうなちょっと上のレベルを目指そう。
② 次にやることを書こう（「ズバリ英語〇ページ，数学〇ページ」など）。
③ やり終えたら□に✔を入れよう。
　最初に完ぺきな計画をたてる必要はなく，まずは数日分の計画をつくって，
　その後追加・修正していっても良いね。

目標		

	日付	やること1	やること2
2週間前	／	☐	☐
	／	☐	☐
	／	☐	☐
	／	☐	☐
	／	☐	☐
	／	☐	☐
	／	☐	☐
1週間前	／	☐	☐
	／	☐	☐
	／	☐	☐
	／	☐	☐
	／	☐	☐
	／	☐	☐
	／	☐	☐
テスト期間	／	☐	☐
	／	☐	☐
	／	☐	☐
	／	☐	☐
	／	☐	☐

キリトリ線

英語1年　三省堂版

QRコードのページに登録すると，「ぴたリンク」からも表をダウンロードできるよ

テスト前 ☑ やることチェック表

① まずはテストの目標をたてよう。頑張ったら達成できそうなちょっと上のレベルを目指そう。
② 次にやることを書こう（「ズバリ英語〇ページ，数学〇ページ」など）。
③ やり終えたら□に✓を入れよう。
　最初に完ぺきな計画をたてる必要はなく，まずは数日分の計画をつくって，
　その後追加・修正していっても良いね。

	目標

	日付	やること1	やること2
2週間前	／	☐	☐
	／	☐	☐
	／	☐	☐
	／	☐	☐
	／	☐	☐
	／	☐	☐
	／	☐	☐
1週間前	／	☐	☐
	／	☐	☐
	／	☐	☐
	／	☐	☐
	／	☐	☐
	／	☐	☐
	／	☐	☐
テスト期間	／	☐	☐
	／	☐	☐
	／	☐	☐
	／	☐	☐
	／	☐	☐

QRコードのページに登録すると，「ぴたリンク」からも表をダウンロードできるよ

三省堂版 英語1年 ニュークラウン | 定期テスト ズバリよくでる | 解答集

Starter 1 〜文法のまとめ①

pp.4-7　**Step ❷**

❶ ① のどのかわいた　② 趣味
③ ときどき，時には
④ (線を)引く；(鉛筆・ペン・クレヨンなどで絵などを)かく
⑤ カメ　⑥ 体育館
⑦ live　⑧ city　⑨ kitchen
⑩ often　⑪ picture　⑫ ticket

❷ ① ア　② イ　③ ア

❸ ① ア　② ウ　③① ウ　② イ
④① イ　② ウ

❹ ① am not
② Do, eat[have], I do
③ Are you, I'm not, am
④ practice, every
⑤ don't speak

❺ ① アメリカ合衆国　② 日本の映画
③ バスケットボール部

❻ ① You are　② do not
③ Are you, I am
④ Do, clean, don't　⑤ am

❼ ① play　② am　③ don't
④ am

❽ ① 私は絵をかきません。
② 私はクラシック音楽に興味があります。
③ あなたはどんな教科が好きですか。

❾ ① You are good at math(.)
② What sports do you play(?)
③ (I) sometimes go to (the park.)

❿ ① Are you from India?
② Do you live in Tokyo?
③ I often take pictures[a picture].
④ I do not[don't] speak Chinese.

考え方

❶ ③「ときどき」と頻度を表す副詞。
⑦「…に住む」は live in ...。
⑧ city は「市」，town は city より小さい「町」を表すときに使う。
⑩「しばしば」と頻度を表す副詞。
⑪ picture が「絵」か「写真」かは，動詞や前後の文脈から判断する。

❷ ① clás-si-cal　② gui-tár-ist
③ chár-ac-ter

❸ ① hungry「空腹な」は動詞ではなく形容詞なので，空所には be 動詞を入れる。主語が I なので，be 動詞は am。
② 「飲みません」という否定文。drink「飲む」は一般動詞なので，否定文は do not を使う。
③①「あなたは…ですか。」は Are you ...? で表す。
② 答えの文の主語は I なので，am で答える。
④①「どんな…」は〈What＋名詞〉で表す。
②「…が好きです」は like ... で表す。

❹ ①「私は…ではありません。」は I am not .... で表す。
②「食べる」は eat。一般動詞の疑問文なので，文の最初に Do を置く。「あなたは…しますか。」に対して，「私は…」と答えるので，主語は I。
③「あなたは…ですか。」は Are you ...? で表す。

答えの文の主語はIなので，be動詞はam。空所の数から，I amの短縮形I'mにする。

❹「練習する」はpractice。「毎日」はevery day。

❺「話す」はspeak。一般動詞なので，否定文は動詞の前にdo notを置く。空所の数からdo notの短縮形don'tを使う。

❺❶本文3文目参照。「私は<u>アメリカ合衆国</u>出身です。」出身地はfrom ...で表す。

❷本文5文目参照。「私は<u>日本の映画</u>が好きです。」

❸本文6文目参照。「私は<u>バスケットボール部</u>に入っています。」

❻❶「私は興奮しています。」→「あなたは興奮しています。」主語がyouのとき，be動詞はare。

❷「あなたはコンピューターを持っています。」→「あなたはコンピューターを持っていません。」have「持っている」は一般動詞なので，否定文は動詞の前にdo notを置く。

❸「あなたはギタリストです。」→「あなたはギタリストですか。―はい，そうです。」be動詞areの疑問文は，文の最初にbe動詞を置く。「あなたは…ですか。」に対して「私は…」と答えるので，主語はI。be動詞はam。

❹「あなたは浴室をそうじします。」→「あなたは浴室をそうじしますか。―いいえ，しません。」clean「そうじする」は一般動詞なので，疑問文は主語の前にDoを置く。答えの文でもdoを使う。Noで答えることと，空所の数からdo notの短縮形don'tを使う。

❺「私は野球が好きです。」という一般動詞likeを使った文を，「私は野球のファンです。」というbe動詞を使った文にする。

❼❶「私はバレーボールをします。」

❷「私はつかれています。」tiredは形容詞なので，be動詞amを入れる。

❸「私はピザが好きではありません。」

❹「私は音楽部に入っています。」〈be動詞 + in the ... club〉で「…部に入っている」という意味。

❽❶drawは「かく」という意味なので，pictureは「写真」ではなく「絵」と訳す。

❷〈be動詞 + interested in ...〉は「…に興味がある」という意味。classical musicは「クラシック音楽」。

❸〈What + 名詞〉は「どんな…」という意味。

❾❶「…が得意である」は〈be動詞 + good at ...〉で表す。

❷「どんな…」は〈What + 名詞〉。あとに疑問文の形〈do you + 動詞 ...?〉を続ける。

❸「…に行く」はgo to ...で表す。「ときどき」sometimesのような頻度を表す副詞はふつう，一般動詞の前に置く。

❿❶「…出身の」はfrom ...で表す。be動詞の疑問文。

❷一般動詞の疑問文は，〈Do + 主語 + 動詞 ...?〉で表す。「…に住む」はlive in ...。

❸「写真を撮る」はtake pictures[a picture]。「しばしば」oftenのような頻度を表す副詞はふつう，一般動詞の前に置く。

❹一般動詞の否定文は，〈主語 + do not[don't] + 動詞 ....〉で表す。「話す」はspeak，「中国語」はChineseで表す。

pp.8-9 **Step ❸**

❶❶ like, very much
❷ You're ❸ do not
❷❶ I am ❷ Do, don't
❸ What, do
❸❶ I am not thirsty(.)
❷ Do you practice the piano every day(?)
❸ I don't know the song(.)
❹❶ am ❷ a show
❸ Yes, I do.
❹ チケット，必要ではない

❺ ❶ (例) I am[I'm] in the tennis club.

❷ (例) I like science (very much).

考え方

❶ ❶「…が大好きです」→「…がとても好きです」と考える。like ... very muchで表す。

❷「あなたは…です。」はYou are ....で表す。空所の数から，You areの短縮形You'reを使う。

❸一般動詞の否定文なので，動詞goの前にdo notを置く。

❷ ❶ A「あなたはバスケットボールのファンですか。」B「はい，そうです。」

❷ A「あなたはコンピューターを持っていますか。」B「いいえ，持っていません。」

❸ A「あなたはどんなテレビ番組を見ますか。」B「私はクイズ番組を見ます。」

❸ ❶ thirsty「のどのかわいた」は形容詞なので，be動詞の文。不足している語はam。

❷ practice「練習する」は一般動詞なので，疑問文は主語の前にDoを置く。不足している語はdo。

❸ know「知っている」は一般動詞なので，否定文は動詞の前にdo notを置く。不足している語は1語なので，短縮形のdon'tとする。

❹ ❶ notの後ろに動詞がないので，be動詞の文。主語がIなので，be動詞はam。

❷ itは前に出た1つの名詞を指す。ここでは，前文のa showを指す。

❸「あなたはダンスのレッスンに通っていますか。」という質問。本文3文目を参照。Do ...?の疑問文にYesで答えるので，Yes, I do.とする。

❹ 本文6文目をまとめる。

❺ ❶「私はテニス部に入っています。」という英文を作る。「…部に入っている」は〈be動詞 + in the ... club〉で表す。

❷「私は理科が好きです。」という英文を作る。

Lesson 2 〜文法のまとめ②

pp.11-13　Step **2**

❶ ❶ 彼の　**❷** (オーブンで)焼く

❸ 送る，(手紙などを)出す　**❹** 1000(の)

❺ タカ　**❻** いくつかの，いくらかの

❼ far　**❽** write　**❾** catch

❿ main　**⓫** cut　**⓬** here

❷ ❶ ア　**❷** ア　**❸** ウ

❸ ❶ エ　**❷** ウ

❹ ❶ can read

❷ cannot[can't] eat[have]

❸ Can, play, can

❺ ❶ touch　**❷** ride　**❸** swim

❻ ❶ can cook

❷ cannot[can't] dribble

❸ Can, draw, I can

❼ ❶ Yes, I can. /
No, I cannot[can't].

❷ I have two (dogs).

❽ ❶ 私は上手に歌を歌うことができます。

❷ あなたは一輪車に乗ることができますか。

❸ あなたはボールを何個使いますか。

❾ ❶ I cannot speak Chinese(.)

❷ Mark can catch a ball well(.)

❸ Can you climb trees(?)

❹ How many boxes do you see(?)

❿ ❶ I can swim fast.

❷ She cannot[can't] kick a[the] ball well.

❸ Can you bake cookies?

考え方

❶ ❶ his は「彼の」という意味で，his dog「彼の
イヌ」のように名詞の前に置く。

❷ bake は直火にあてずに，オーブンなどで
「焼く」というときに使う。

❹「2000」と言うときは two thousand とする。
thousand を複数形にはしない。

❻ some のあとに続く，数えられる名詞は複数形。

❷ ❶ Spán-ish ❷ quíck-ly ❸ kan-ga-róo

❸ ❶「…することができる」は〈can＋動詞〉で表す。
I jump high. は「私は高くとびます。」とい
う意味。

❷「…することができますか。」は〈Can＋主語
＋動詞 ...?〉で表す。

❹ ❶「読む」は read。

❷「…することができません」は〈cannot[can't]
＋動詞〉で表す。「食べる」は eat。

❸「（スポーツ・ゲームなどを）する」は〈play
＋スポーツ名〉で表す。can の疑問文に答
えるときは，can を使う。

❺ ❶「ダイキはヘビにさわることができます。」

❷「ユキは馬に乗ることができます。」

❸「マークは上手に泳ぐことができます。」

❻ ❶「私は上手に日本食を料理します。」→「私は
上手に日本食を料理することができます。」
動詞 cook の前に can を置く。

❷「私は上手にドリブルしません。」→「私は上
手にドリブルすることができません。」don't
を cannot または can't にする。cannot は
1語なので，can not のように間をあけて
書かないこと。

❸「あなたは上手に絵をかきますか。」→「あな
たは上手に絵をかくことができますか。―
はい，できます。」文の最初に Can を置く。
「あなたは…することができますか。」とたず
ねられているので，「私は…」と答える。

❼ ❶「あなたは上手にスケートをすることができ
ますか。」という質問。Yes, I can. または
No, I cannot[can't]. で答える。答えの文
では主語は you→I にする。

❷「あなたはイヌを何匹飼っていますか。」に
答えるときは，Yes や No ではなく，具体的
な数を答える。

❽ ❶ sing「歌う」，song「歌」，well「上手に」

❷ ride「乗る」，unicycle「一輪車」

❸〈How many＋名詞の複数形 ...?〉は「いく
つの…」と数をたずねるときに使う。

❾ ❶ cannot は動詞の前に置く。

❷「ボールを捕る」は catch a ball。

❸ can は主語の前に出す。「木に登る」は climb
trees。

❹ 箱の数をたずねる疑問文なので，How many
boxes で文を始めて，あとに疑問文の形〈do
＋主語＋動詞 ?〉を続ける。

❿ ❶「速く泳ぐ」は swim fast。

❷「ボールをける」は kick a ball。

❸「クッキーを焼く」は bake cookies。

pp.14-15 **Step ❸**

❶ ❶ can speak

❷ cannot[can't] play

❸ Can, use

❷ ❶ I can

❷ I cannot[can't]

❸ How many, cats

❸ ❶ Kate can read *katakana*(.)

❷ I cannot take pictures well(.)

❸ How many eggs do you need(?)

❹ ❶ 料理活動 ❷ cannot[can't]

❸① No, I'm not.

② Yes, he can.

❺ ❶ (例) Rika can ski.

❷ (例) Rika cannot[can't] run fast.

考え方

❶ ❶「…することができます」は〈can ＋ 動詞〉で表す。「話す」は speak。

❷「…することができません」は〈cannot[can't] ＋ 動詞〉で表す。「（楽器を）演奏する」は〈play the ＋ 楽器名〉で表す。

❸「…することができますか。」は〈Can ＋ 主語 ＋ 動詞 ...?〉で表す。「使う」は use。

❷ ❶ A「あなたは速く泳げますか。」B「はい，泳げます。私は上手な水泳選手です。」

❷ A「あなたはバレエをおどることができますか。」B「いいえ，できません。」

❸ A「あなたはネコを何匹飼っていますか。」B「私はネコを2匹飼っています。」B が Yes や No ではなく，two cats と具体的に答えているので，How many ...? で「数」をたずねる。

❸ ❶「読む」は read。ride「乗る」が不要。

❷「…することができません」なので，don't ではなく cannot を使う。「写真を撮る」は take pictures[a picture]。

❸ 卵の数をたずねるので，How many eggs で文を始めて，疑問文の形〈do ＋ 主語 ＋ 動詞 ?〉を続ける。How many の後ろの名詞はかならず複数形にする。

❹ ❶ 本文1文目を参照。the cooking activity の先生。

❷「使えません」＝「使うことができません」と考え，cannot[can't] を入れる。

❸ ①「ジェーンは主要な先生ですか。」本文2・5文目を参照。レイが主要な先生で，ジェーンはレイの助手。3語で答えるので I am は短縮形の I'm を使う。

②「レイはすばやく野菜を切ることができますか。」本文3文目を参照。

❺ ❶「理香はスキーをすることができます。」という英文を作る。

❷「理香は速く走ることができません。」という英文を作る。

Lesson 3 〜 Project 1

pp.18-21 **Step ❷**

❶ ❶ あなたのもの；あなたたちのもの
❷ 無料の ❸ 同じ，同一の；よく似た
❹ 混んでいる ❺ 人気のある，流行の
❻ 推測する ❼ easy ❽ really
❾ people ❿ letter ⓫ listen
⓬ learn

❷ ❶ イ ❷ ア ❸ ウ

❸ ❶ ウ ❷ イ ❸ ウ ❹① ア ② エ
❺ エ

❹ ❶ This is
❷ She[She's] isn't[not]
❸ Who is ❹ him
❺ Read ❻ Be
❼ be friends with ❽ like

❺ ❶ it ❷ What ❸ Who
❹ her

❻ ❶ is not ❷ Is he, is
❸ Who is ❹ Practice
❺ That's[That] not[isn't]

❼ ❶① ア ② イ ❷① ア ② イ

❽ ❶ ユミコは私の母です。
❷ 私のロボットはいくつかのことばを読むことができます。
❸ こちらの先生はだれですか。
❹ あなたはどのくらいの頻度で浴室をそうじしますか。

❾ ❶ Let's go to the reataurant(.)
❷ Do you like her(?)
❸ That is not a ball(.)

❾ Don't speak Japanese (here.)

❿ ❶ This is my friend, Kota.

❷ He is my father.

❸ What is[What's] that?

❹ I know her (very) well.

考え方

❶ ❶ yoursは「あなたのもの」という意味で, 手紙の最後に書くしめのことばとして使われる。

❷ for freeで「無料で」という意味。

❸ 驚き, 困惑, 興味, 怒り, 疑いなどいろいろな気持ちを表せることば。

❾ 常に複数扱いなので, 主語になるときはbe動詞はare。

⓫ listenは音楽などを「じっと聞く, 耳を傾ける」ときに使う。

⓬ learnはある知識を「習得する」という結果に重きを置く。

❷ ❶ ho-tél ❷ wéek-end

❸ sou-ve-nír

❸ ❶ 主語のthisはI, you以外なので, be動詞はis。否定文なので, isの後ろにnotを置く。

❷ 「だれ」とたずねるときはWhoで文を始める。空所のあとにbe動詞がないので, Who isの短縮形Who'sを入れる。

❸ 「彼女を」はher。前に出た女性(Yuki)を指す。

❹ ①「何」とたずねるときはWhatで文を始める。②答えるときは「それは」を表すItを主語にする。空所のあとにbe動詞がないので, It isの短縮形It'sを入れる。

❺ 「いくら…」と値段をたずねるときは, How muchで文を始める。

❹ ❶ 「これは…です。」はThis is ....で表す。

❷ 「彼女は…ではありません。」はShe is not ....で表す。ここでは空所が2つなので, 短縮形を使い, She isn't ....またはShe's not ....とする。

❸ 「…はだれですか。」はWho is ...? で表す。

❹ 「彼を」はhim。前に出た男の子(the boy)を指す。

❺ 「…しなさい。」は動詞で文を始める。「読む」はread。

❻ gentleが形容詞なので, be動詞の命令文。Beで文を始める。

❼ 「…と友達である」はbe friends with ...で表す。

❽ 「…のように[な]」はlike ...で表す。

❺ ❶ 「あれはあなたの学校ですか。」「はい, そうです。」

❷ 「これは何ですか。」「それはふろしきです。」

❸ 「この女の子はだれですか。」「彼女は私の友達のサヤカです。」

❹ 「私はこの女性を知りません。あなたは彼女を知っていますか。」

❻ ❶ 「これは私の帽子です。」→「これは私の帽子ではありません。」否定文にするので, isの後ろにnotを置く。

❷ 「彼は田中さんです。」→「彼は田中さんですか。」—「はい, そうです。」疑問文は文の最初にbe動詞を置く。be動詞の疑問文にはbe動詞を使って答える。

❸ 「彼女はケイトです。」→「彼女はだれですか。」という文にするので, 「だれ」を表すWhoで文を始める。

❹ 「あなたは柔道を練習します。」→「柔道を練習しなさい。」「…しなさい。」という命令文は, 動詞で文を始める。

❺ 「あれは博物館です。」→「あれは博物館ではありません。」否定文にするので, isの後にnotを置く。ただし, 空所の数から短縮形を使い2語で表す。

❼ ❶ A「聞いて！ これは私の新しいドレスです。」B「それはすてきですね。私はそれが好きです。」

❷ A「あれは何ですか。」B「それは扇子です。あなたは暑い日にそれを使うことができます。」A「わかりました。」

❽ ❶ Yumiko is ....「ユミコは…です。」

❷ some languages「いくつかのことば[言語]」

❸ Who'sはWho isの短縮形。Who is ...?「…はだれですか。」

❹ How oftenは「どのくらい」と頻度をたずねる言い方。

❾ ❶「…しましょう。」は〈Let's＋動詞 ....〉で表す。

❷「彼女が」を表すherは一般動詞の後ろに置く。

❸「あれは…ではありません。」はThat is not ....で表す。

❹「…してはいけません。」は〈Don't＋動詞 ....〉で表す。

❿ ❶「こちらは…です。」はThis is ....で表す。コンマ(,)を使って，人名を続け，説明を加えた形にする。

❷「彼は…です。」はHe is ....で表す。

❸「…は何ですか。」はWhat is ...?で表す。

❹「よく」はwellで表す。

pp.22-23　Step ❸

❶ ❶ This is，him
❷ That is not ❸ Is she
❹ what，Me

❷ ❶ No，it's ❷ Who，He
❸ What，It's

❸ ❶ This is not my unicycle(.)
❷ Do you know her well(?)

❹ ❶① 日本語　② ヒンディー語
❷ is not
❸ Yes, she is.

❺ ❶ (例)Don't take pictures[a picture].
❷ (例)Don't play[practice] tennis (here).

[Don't play[practice] tennis in the park.]

[考え方]

❶ ❶「こちらは…です。」と人を紹介するときはThis is ....で表す。「彼を」はhim。

❷「あれは…ではありません。」はThat is not ....で表す。

❸「彼女は…ですか。」はIs she ...?で表す。

❷ ❶ A「あれはギターですか。」B「いいえ，ちがいます。それはバイオリンです。」

❷ A「この男の子はだれですか。」B「彼はマークです。」

❸ A「あれは何ですか。」B「それは警察署です。」

❸ ❶「これは…ではありません。」はThis is not ....で表す。不足している語はnot。

❷「あなたは…を知っていますか。」はDo you know ...?で表す。her「彼女を」は一般動詞の後ろに置く。不足している語はher。

❹ ❶ 本文 2 行目参照。それぞれのあいさつが何語かを答える。

❷ 主語のJapaneseはI，you以外のものなので，be動詞はis。否定文なので，isの後ろにnotを置く。

❸「ハナはディヌーにとってよい先生ですか。」本文 4 行目を参照。

❺ ❶「写真を撮ってはいけません。」という英文を作る。

❷「テニスをしてはいけません。」という英文を作る。

Lesson 4 ～文法のまとめ④

pp.25-27　Step ❷

❶ ❶ 親
❷ (賃金・点数・温度・速度などが)低い
❸ 大学　❹ 身につけている，着ている
❺ あとで，のちほど
❻ (時間的・時期的に)早く；早めに
❼ student ❽ place ❾ age
❿ during ⓫ hear ⓬ drive

⓭ these　⓮ crispy

❷ ❶ ア　❷ ア　❸ ア

❸ ❶ play　❷ likes　❸ teaches

❹ ❶ goes　❷ Does, leave
　❸ doesn't, leaves　❹ Which do, or

❺ ❶ does　❷ practices　❸ cooks
　❹ watches

❻ ❶ has　❷ Yes, does　❸ studies

❼ ❶ ① ア　② ウ　❷ ① ウ　② ア

❽ ❶ ケンタは美術部に所属しています。
　❷ マリは本を読みません。
　❸ あなたのお兄[弟]さんはどんな教科が好きで
　　すか。
　❹ 野球が好きな人もいれば，サッカーが好き
　　な人もいます。

❾ ❶ Kyoto has many famous temples(.)
　❷ Kate wants new shoes(.)
　❸ My brother does not use a computer(.)
　❹ Does Mark skate well(?)

❿ ❶ (例) Kate doesn't watch TV.
　❷ (例) Does your sister know the[that] song?
　❸ (例) She often walks her[the] dog(s).

考え方

❶ ❶ parentは「親」，parentsは「両親」という意
　　味。
　⓫ hearは聞こうとしていなくても自然に聞こ
　　えてくるとき，listenは意識して耳を傾け
　　るときに使う。
　⓭ theseが主語のときはbe動詞はareを使う。

❷ ❶ críck-et　❷ stát-ue
　❸ ín-stru-ment

❸ ❶ 〈play＋スポーツ名〉で「(スポーツを)する」
　　という意味。主語がIなのでplayのまま。
　❷ 主語が3人称単数で現在の文なので，like
　　にsをつける。
　❸ 主語が3人称単数で現在の文なので，teach
　　にesをつける。

❹ ❶ 「行く」goはesをつけてgoesとする。
　❷ 主語が3人称単数で現在の文なので，疑問
　　文は文の最初にDoesを置く。「家を出る」は

leave home。疑問文なので，動詞は原形。
　❸ does notの短縮形doesn'tを入れる。主語
　　がsheなので，leaveはsをつけてleavesと
　　する。
　❹ 2つのうちで「どちらが」とたずねるときは
　　Whichで文を始める。主語がyouなので，
　　疑問文はdoを使う。「AまたはB」は〈A or B〉
　　で表す。

❺ ❶ 「ケンは毎日宿題をします。」doはesをつけ
　　てdoesとする。
　❷ 「彼の妹は毎週水曜日にバイオリンを練習
　　します。」practiceはsをつけてpracticesと
　　する。
　❸ 「彼のお父さんは毎週日曜日に朝食を作り
　　ます。」cookはsをつけてcooksとする。
　❹ 「彼のお母さんは週末に映画を見ます。」
　　watchはesをつけてwatchesとする。

❻ ❶ 「マークには何人姉妹がいますか。」「彼に
　　は姉が2人います。」haveの3人称単数現
　　在形はhas。
　❷ 「マークは野球が好きですか。」「はい，好
　　きです。」
　❸ 「マークは毎日何を勉強しますか。」「彼は
　　毎日数学を勉強します。」

❼ ❶ A「あなたには何か予定がありますか。」B「は
　　い。私はきょう，クリケットを練習します。」
　　A「なるほど。遅れないでください。」B「あ
　　あ！　私は行かなければなりません。」
　❷ A「あなたの練習は何時に始まりますか。」
　　B「それは3時に始まります。」A「本当ですか。
　　今，3時です。」B「ああ！　あとで話しま
　　しょう。」

❽ ❶ belong to ...「…に所属している」
　❷ 否定文であることに注意する。read「読む」
　❸ 〈What＋名詞〉は「どんな…」という意味。
　❹ some ..., others ～「…な人もいれば，～
　　な人もいる」

❾ ❶ 「もの」を主語にした3人称単数で現在の文。
　❷ 「…がほしい」はwant。
　❸ 主語が3人称単数現在の否定文は，does
　　の後ろにnotを置く。

④主語が3人称単数現在の疑問文は，文の最初にDoesを置く。

❿①「テレビを見る」はwatch TV。否定文なので，動詞の前にdoesn'tを置く。

②「…を知っている」はknow。3人称単数現在の疑問文なので，〈Does＋主語＋動詞の原形 …?〉で表す。

③「彼女のイヌの散歩に行く」はwalk her dog。often「よく」はふつう一般動詞の前に置く。oftenのような語が入ると，動詞にsをつけるのを忘れることが多いので注意しよう。

pp.28-29 **Step ❸**

❶①eats[has] breakfast ②doesn't live
③Does，teach，teaches

❷①about ②likes ③has

❸①My father does not drive(.)
②Hina studies English every day(.)
③Which does Mark watch, a basketball game or (a volleyball game?)

❹①plays ②bagpipes
③スコットランドの伝統的な楽器
④ウ

❺①(例)Shota cleans the bathroom at six thirty.[At six thirty, Shota cleans the bathroom.]
②(例)Miyu goes to bed at ten.[At ten, Miyu goes to bed.]

考え方

❶①「朝食を食べる」はeat[have] breakfast。主語が3人称単数で現在の文なので，eatにsをつけてeatsとする。もしくはhaveをhasとする。

②「…に住む」はlive in …。主語が3人称単数で現在の否定文なので，〈主語＋does not[doesn't]＋動詞の原形 ….〉の形にする。

③主語が3人称単数で現在の疑問文は〈Does＋主語＋動詞の原形 …?〉の形にする。答えの文では，主語が3人称単数で，現在の文なので，teachにesをつけてteachesとする。

❷①A「私はきょうテニスの練習に行きます。あなたはどうですか。」B「私もです。」
②A「ケイトは何色が好きですか。」B「彼女は青が好きです。」
③A「ユキはネコを何匹飼っていますか。」B「彼女は3匹のネコを飼っています。」haveの3人称単数現在形はhas。

❸①否定文のとき動詞は原形なので，driveのまま。
②主語が3人称単数で，現在の文なので，studyはyをiにかえてesをつけ，studiesとする。
③「どちら…」とたずねるときはWhichで文を始め，疑問文の形を続ける。疑問文のとき動詞は原形なので，watchのまま。

❹①主語が3人称単数で現在の文なので，playにsをつけてplaysとする。
②themは前に出た複数の語を指す。ここでは前文のbagpipesを指す。
③本文3行目をまとめる。
④㋐本文1行目を参照。ピーターはブラウン先生の弟。
㋑本文4～5行目を参照。ピーターは学校でバグパイプを演奏する。
㋒本文5行目を参照。

❺①「ショウタは6時30分に浴室をそうじします。」という英文を作る。「そうじする」cleanはsをつけてcleansとする。「～時…分に」は〈at＋時＋分〉で表す。
②「ミユは10時に寝ます。」という英文を作る。「寝る」はgo to bed。3人称単数で，現在の文なので，goはesをつけてgoesとする。

Lesson 5 〜文法のまとめ⑤

pp.31-33 **Step ❷**

❶①物；事
②(物を)持ってくる，(人を)連れてくる
③選ぶ，選択する
④(問題などを)解決する，解く
⑤提案する ⑥投げる
⑦child ⑧life ⑨problem

9

⑩ carry　⑪ work　⑫ together

❷ ❶ ア　❷ ア　❸ ア

❸ ❶ ウ　❷ イ　❸ ア

❹ ❶ am using　❷ is not playing
　❸ Is, sleeping, is
　❹ Whose bag, Yuki's

❺ ❶ is drawing　❷ are swimming
　❸ am reading

❻ ❶ am eating　❷ I'm not cleaning
　❸ What is, drinking　❹ Whose, is

❼ ① エ　② イ　③ ウ

❽ ❶ 私は帽子をさがしています。―この赤い帽子はいかがですか。
　❷ 私は今, リンゴを切っていません。
　❸ あなたは今, イヌを散歩させていますか。
　　―はい, 散歩させています。
　❹ これはだれのかさですか。
　　―それは私のものです。

❾ ❶ I am practicing the piano (now.)
　❷ She is not talking with her friends (now.)
　❸ What is your sister doing (now?)
　❹ Are you studying English (now?)

❿ ❶ (例)We are running in the park.
　❷ (例)Is Rino listening to music now?
　❸ (例)Whose dictionary is that?
　　―It is hers.

考え方

❶ ❷「持ってくる」という意味だが, 話し手か聞き手がいる場所に持って行くときにも使う。
　❼「大人」に対して「子ども」と言うときに使う。

❷ ❶ Méx-i-co　❷ éve-ry-one
　❸ díf-fer-ent

❸ ❶「私はバスケットボールをしています。」amというbe動詞が前にあるので, 現在進行形の文。
　❷「私の母はサンドウィッチを作っています。」主語が3人称単数なので, be動詞はis。
　❸「彼らは公園で走っていますか。」主語がtheyと複数なので, be動詞はare。

❹ ❶ 主語がIなので, be動詞はam。use「使う」

はeで終わる語なので, eをとってingをつける。
　❷ 否定文なので, be動詞の後ろにnotを置く。主語が3人称単数なので, be動詞はis。play「する」はそのままingをつける。
　❸ 疑問文なので, 文の最初にbe動詞を置く。主語が3人称単数なので, be動詞はis。sleep「眠る」はそのままingをつける。答えの文でもbe動詞を使う。
　❹「だれの…」は〈Whose＋名詞〉で表す。「(人名)のもの」は〈人名＋'s〉で表す。

❺ ❶「エリは絵をかいています。」drawはそのままingをつける。
　❷「2人の男の子が泳いでいます。」主語がtwo boysと複数なので, be動詞はare。swimはmを重ねてingをつける。
　❸「私は本を読んでいます。」主語がIなので, be動詞はam。readはそのままingをつける。

❻ ❶「私は今, 朝食を食べています。」という文に。
　❷「私は今, 部屋をそうじしていません。」という文に。空所の数から, I amの短縮形I'mを使う。否定文なのでbe動詞の後ろにnotを置く。
　❸「彼女は今, 何を飲んでいますか。」という文に。「何」を表すWhatで文を始めて, あとに現在進行形の疑問文の形を続ける。
　❹「あれはだれの鉛筆ですか。」という文に。「だれの…」を表す〈Whose＋名詞〉で文を始めて, あとにbe動詞の疑問文の形を続ける。

❼ A「お手伝いしましょうか。」B「はい。私は水筒を探しています。」A「この小さいものはどうですか。」B「私はその色が好きです。それは私には小さすぎます。」A「私はこれを提案します。」B「それは完ぺきです。」

❽ ❶ look for …「…をさがす」, How about …?「…はいかがですか。」
　❷ cuttingはcut「切る」の-ing形。現在進行形の否定文。
　❸ 現在進行形の疑問文。
　❹〈Whose＋名詞〉は「だれの…」, mineは「私のもの」という意味。

❾ ❶ practiceはeをとってingをつける。

❷「…と話す」はtalk with …。

❸「何」を表すWhatで文を始めて，現在進行形の疑問文の形を続ける。

❹ studyはそのままingをつける。

❿ ❶ run「走る」はnを重ねてingをつける。

❷「音楽を聞く」はlisten to music。listen「聞く」はそのままingをつける。

❸「彼女のもの」はhersで表す。

pp.34-35　Step ❸

❶ ❶ are doing　**❷** isn't reading

❸ Whose, is, his

❷ ❶ working　**❷** taking　**❸** cutting

❸ ❶ Is Kate watching TV (now?)

❷ I am not writing a letter (now.)

❸ Some boys are dancing to music(.)

❹ May I help you(?)

❹ ❶ these students

❷ What is the boy eating(?)

❸ ①家から　②持ってくる

　③カフェテリアで　④買う

❹ メキシコ由来の人気のある食べ物

❺（以下の中から2つ書かれていればよい）

（例）

・Eri is reading a book (in the park).

・Daiki and Shota are playing tennis (in the park).

・Mark is walking his[a] dog (in the park).

・Kate is taking a picture (of flowers) (in the park).

考え方

❶ ❶ 主語がKate and Iで複数なので，be動詞はare。「宿題をする」はdo one's homework。

❷ 主語が3人称単数なので，be動詞はis。「読む」readはそのままingをつける。

❸「だれの…」は〈Whose＋名詞〉で表す。「彼のもの」はhis。

❷ ❶「あなたのお母さんはレストランで働いていますか。」Isがあるので，現在進行形の文に。

work「働く」はそのままingをつける。

❷「私は今，入浴しています。」take a bathは「入浴する」という意味。takeはeをとってingをつける。

❸「ショウタは野菜を切っています。」cut「切る」はtを重ねてingをつける。

❸ ❶ 疑問文なので，文の最初にbe動詞を置く。watchはそのままingをつける。

❷ 否定文なので，be動詞の後ろにnotを置く。writeはeをとってingをつける。

❸ danceはeをとってingをつける。「音楽に合わせておどる」はdance to musicで表す。

❹「いらっしゃいませ。」May I help you?は店員が客に対して使う表現。

❹ ❶ theyは前に出た複数のものを指す。ここでは前文のthese studentsを指す。

❷ Whatで文を始めて，現在進行形の疑問文の形〈be動詞＋主語＋動詞の-ing形 …?〉を続ける。

❸ 本文2〜3行目をまとめる。

❹ 本文最終文を参照。Itはa tacoを指す。

❺ 絵の人物がしている動作を現在進行形の文〈主語＋be動詞＋動詞の-ing形 ….〉で表す。知っている動詞を使って書ける動作を2つ選んで書こう。

「本を読む」read a book，「テニスをする」play tennis，「イヌを散歩させる」walk one's dog，「写真を撮る」take a picture[pictures]。

Lesson 6 〜 Project 2

p.38-41　Step ❷

❶ ❶ 週，1週間

❷ 覚えている，忘れていない；思い出す

❸ 体験，経験　**❹** 落とす；落ちる

❺ 分厚い，太い　**❻** かわいい，きれいな

❼ wait　**❽** garden　**❾** join

❿ view　**⓫** win　**⓬** kind

❷ ❶ ア　**❷** イ　**❸** ア

❸ ❶ ウ　**❷** ア　**❸** ウ　**❹**①ウ　②ウ

❹ ❶ taught, last　**❷** Where is, on

❸ didn't use　**❹** Did, walk, I did

⑤ What

❺ ❶ studied ❷ went ❸ had

❹ listened ❺ took

❻ ❶ practiced ❷ did not buy

❸ didn't enjoy ❹ Did, eat, didn't

❺ What did, want

❼ ❶ No, they did not[didn't].

❷ Yes, it did.

❸ We played[did] it at[in] the gym.

❹ I went to bed at eleven (last night).

❺ (例)I played soccer.

❽ ❶ 私は先週，海で泳ぎました。

❷ そのパン店へはどうやって行けますか。
　—まっすぐ行ってください。

❸ 私はこの前の夏，ハワイへ旅行しました。

❹ 彼らはサッカーの試合に勝ちませんでした。

❾ ❶ My sister did not play basketball
(yesterday.)

❷ (I) dropped the cup two days ago(.)

❸ Did you talk with Mr. Suzuki today(?)

❹ She saw Kate last week(.)

❿ ❶ I helped my father this morning.

❷ I climbed Mt. Fuji for the first time.

❸ Did he wait here for an[one] hour?
　—No, he didn't.

❹ She didn't do her homework yesterday.

考え方

❶ ⑫「…種類の～」は … kind(s) of ～で表す。

❷ ❶ pén-guin ❷ al-réad-y

❸ síght-see-ing

❸ ❶ cook「料理をする」は規則動詞。過去形は
cooked。

❷ 否定文なので，動詞は原形。

❸ 一般動詞の過去の疑問文は文の最初にDid
を置く。

❹①「どこで」と場所をたずねるときはWhere
で文を始める。

　②playの過去形は-edをつけてplayed。

❹ ❶「教える」teachは不規則動詞。過去形は
taught。「昨年」はlast year。

❷「…はどこですか。」はWhere is …?で表す。

❸ 一般動詞の過去の否定文は，〈主語＋did
not＋動詞の原形 ….〉で表す。ここではdid
notの短縮形didn'tを使う。

❹ 一般動詞の過去の疑問文は，〈Did＋主語＋
動詞の原形 …?〉で表す。答えの文でもdid
を使う。

❺「なんて…。」は感嘆文でWhat …!で表す。

❺ ❶「私はきのう，英語を勉強しました。」study
は規則動詞。〈子音字＋y〉で終わる語なので，
yをiにかえて-edをつける。

❷「私はきのう，図書館に行きました。」goは
不規則動詞で，過去形はwent。

❸「私はきのう，6時に夕食をとりました。」
haveは不規則動詞で，過去形はhad。

❹「私はきのう，音楽を聞きました。」「…を
聞く」はlisten to …。listenは規則動詞。

❺「私はきのう，公園で数枚の写真を撮りまし
た。」takeは不規則動詞で，過去形はtook。

❻ ❶「私は毎日柔道を練習します。」→「私はきの
う，柔道を練習しました。」practiceは規則
動詞。eで終わる動詞なので，-dをつける。

❷「彼女は新しいかさを買いました。」→「彼女
は新しいかさを買いませんでした。」一般動
詞の過去の否定文は，動詞の前にdid not
を置く。動詞は原形。boughtはbuyにする。

❸「私は昨夜，コンサートを楽しみました。」
→「私は昨夜，コンサートを楽しみません
でした。」一般動詞の過去の否定文は，動詞
の前にdid notを置く。動詞は原形。ここ
では，did notの短縮形didn'tを使って表す。
enjoyedはenjoyにする。

❹「ケンは昨夜，たくさん食べました。」→「ケ
ンは昨夜，たくさん食べましたか。」「いいえ，
食べませんでした。」一般動詞の過去の疑問
文は，主語の前にdidを置き，答えの文で
もdidを使う。動詞は原形。ateはeatにす
る。

❺「ケイトはかばんをほしがっていました。」→
「ケイトは何がほしかったのですか。」「か
ばん」の部分に下線が引いてあるので，「何」

とたずねる。Whatで文を始めて，疑問文の形を続ける。

❼ ❶「マークとケイトは夜景を見ましたか。」にNoで答える。答えの文では主語を代名詞にするので，「マークとケイトは」→「彼らは」となり，theyを使う。

❷「エリからの手紙はあなたを感動させましたか。」にYesで答える。答えの文の主語はit。Did …?の疑問文にはdidを使って答える。

❸「あなたとショウタはきのう，どこでバスケットボールをしましたか。」に答える。主語は「あなたとショウタは」→「私たちは」となるので，weを使う。

❹「あなたは昨夜，何時に寝ましたか。」に答える。go to bedは「寝る」という意味。「…時に」は〈at ＋ 時刻〉で表す。goの過去形はwent。

❺「あなたはこの前の日曜日，何をしましたか。」に答える。自分がしたことを英語で答えよう。

❽ ❶swamはswimの過去形。
❷How can I get to …? は道順をたずねる表現。
❸tookはtakeの過去形。take a trip to …「…へ旅行する」
❹did notがあるので，過去の否定文。

❾ ❶否定文なので，動詞は原形。
❷dropは規則動詞。〈短母音＋子音字〉で終わる語なので，子音字を重ねて-edをつけ，droppedとする。
❸「…と話す」はtalk with …。疑問文なので，動詞は原形。
❹seeの過去形はsaw。

❿ ❶helpは規則動詞。-edをつけてhelpedとする。「今朝」はthis morning。
❷climbは規則動詞。-edをつけてclimbedとする。「初めて」はfor the first time。
❸疑問文なので，動詞は原形。「1時間」はfor an[one] hour。
❹否定文なので，動詞は原形。語数指定があるので，did notの短縮形didn'tを使う。

❶ ❶skied, last　❷saw[watched], ago
❸didn't play
❷ ❶took　❷made　❸taught
❹visited　❺climb
❸ ❶Did, did　❷Did, didn't
❸How, at　❹Where, did
❹ ❶ウ　❷saw
❸たくさんのものを中に入れて運ぶことができる（と言っている）。
❹ア
❺ ❶(例)I went to the zoo with my family.
❷(例)I took some pictures there[in the zoo].

考え方

❶ ❶「スキーをする」skiは規則動詞。-edをつけてskiedとする。「先月」はlast month。
❷「見る」はseeまたはwatch。seeの過去形はsaw，watchの過去形は-edをつけてwatched。「…前に」は… agoで表す。
❸過去の否定文なので，動詞の前にdid notを置く。ここではdid notの短縮形didn'tを使う。

❷ ❶「私は2時間前に入浴しました。」take a bathで「入浴する」という意味。takeの過去形はtook。
❷「私の父はこの前の日曜日に朝食を作りました。」makeの過去形はmade。
❸「私の兄[弟]は先週，私に理科を教えてくれました。」teachの過去形はtaught。
❹「私はきのう，博物館を訪れました。」visitは-edをつけてvisitedとする。
❺「あなたは富士山に登りましたか。」疑問文なので，動詞は原形。

❸ ❶A「あなたは2年前，札幌に住んでいましたか。」B「はい，住んでいました。」two years ago「2年前」があるので，過去の文だとわかる。
❷A「あなたのお母さんは台所をそうじしまし

13

たか。」B「いいえ，しませんでした。私の姉
[妹]がそれをそうじしました。」Bの2文目
のcleanedが過去形なので，過去の文だと
わかる。

❸A「駅へはどうやって行けますか。」B「3番
目の角を右に曲がってください。左手にあ
りますよ。」Bが具体的な道順を答えている
ので，Aは道順をたずねていることがわかる。

❹A「あなたはどこで宿題をしましたか。」B「私
は図書館で宿題をしました。」Bが具体的な
場所を答えているので，Aは「どこで」とた
ずねていることがわかる。doの過去形は
did。

❹❶「あなたは旅行を楽しみましたか。」に対する
答えの文。ケイトは空所の次の文で「…を
楽しみました」と答えているので，Yesで答
える。Did …?の文にはdidを使って答える。

❷文の内容から過去の文にすると自然な流れ
になる。seeの過去形はsaw。

❸本文最終文をまとめる。

❹㋐本文2行目に一致。

㋑本文3～4行目に不一致。ディヌーはス
カーフだと思っていた。

㋒本文2～4行目に不一致。ケイトが買っ
たものはふろしき。

❺❶「私は家族といっしょに動物園に行きまし
た。」という文に。goの過去形はwent。

❷「私はそこで何枚か写真を撮りました。」とい
う文に。「何枚か写真を撮る」はtake some
pictures。takeの過去形はtook。

Lesson 7 ～文法のまとめ⑦

pp.46-49 **Step ❷**

❶ ❶いつも，常に ❷理解する
❸心，精神；考え ❹負ける
❺国立の，国家の ❻人物
❼call ❽still ❾difficult
❿miss ⓫change ⓬question

❷ ❶ア ❷ア ❸イ

❸ ❶ウ ❷①エ ②エ ❸ア ❹エ

❹ ❶were ❷was taking ❸looked

❹Were, reading, I wasn't

❺ ❶was baking ❷were running
❸were studying ❹was cutting
❺was using

❻ ❶were ❷was making
❸looks ❹weren't swimming
❺Where was ❻What were, doing

❼ ❶Yes, we were.
❷No, she did not[didn't].
❸He was playing[doing] it in the park.
❹Some junior high school students were.
❺(例)I was watching TV (then).

❽ ❶何よりも，私は音楽が好きです。
❷ユキは10分前に教室にいませんでした。
❸私は問題を解決しました。
❹佐々木先生は驚いているように見えます。

❾ ❶This question was not difficult(.)
❷My sister was writing a letter then(.)
❸I am a big fan of soccer(.)
❹Were they sitting on a bench(?)

❿ ❶The[That] song was very popular.
❷What was your mother doing then?
　—She was listening to the radio.
❸We were in[at] the library after school.

考え方

❶ ❶頻度を表す副詞。
⓫「電車を乗り換える」というときにもchange
を使う。その場合，change trainsとtrain
はかならず複数形にする。

❷ ❶téam-mate ❷én-er-gy
❸pa-já-mas

❸ ❶amの過去形はwas。
❷①areの過去形はwere。
②過去進行形は〈was[were] ＋動詞の -ing
形〉で表す。
❸「…のように見える」は〈look＋形容詞〉で表
す。
❹「…のように思われる」は〈sound like ＋名
詞〉で表す。

❹ ❶「…にいる」はbe動詞で表す。areの過去形

は were。

❷「…していました」は〈was[were] + 動詞の -ing形〉で表す。「入浴する」はtake a bath。 takeはeをとってingをつけ, takingとする。

❸ 過去の文なので, lookを過去形にする。

❹ 過去進行形の疑問文は, be動詞を文の最初に置く。動詞は-ing形のまま。

❺〈was[were] + 動詞の-ing形〉の形にする。

  ❶「私はクッキーを焼いていました。」bake「焼く」はeをとってingをつけ, bakingとする。

  ❷「彼らは公園で走っていました。」run「走る」はnを重ねてingをつけ, runningとする。

  ❸「私たちは数学を勉強していました。」study「勉強する」はそのままingをつけ, studyingとする。

  ❹「私の母はニンジンを切っていました。」cut「切る」はtを重ねてingをつけ, cuttingとする。

  ❺「マークはコンピューターを使っていました。」use「使う」はeをとってingをつけ, usingとする。

❻❶「私たちはクラスメイトです。」→「私たちは3年前, クラスメイトでした。」「3年前」という語句を加えるので, areを過去形wereにする。

  ❷「マークは昼食を作っていました。」という文に。〈was[were] + 動詞の-ing形〉の形にする。makeはeをとってingをつけ, makingとする。

  ❸「ダイキは病気のように見えます。」という文に。〈look + 形容詞〉の形にする。主語が3人称単数なので, lookをlooksにする。

  ❹「私の兄[弟]と私はその時, 泳いでいませんでした。」という文に。過去進行形の否定文は, was[were]のあとにnotを置く。ここでは空所の数からwere notの短縮形weren'tを使う。

  ❺「ケイトは1時間前公園にいました。」→「ケイトは1時間前どこにいましたか。」という文に。場所をたずねるので, Where「どこで」で文を始め, 疑問文の形を続ける。

  ❻「エリと彼女の姉[妹]はその時何をしていましたか。」という文に。「何」とたずねるので, Whatで文を始め, 過去進行形の疑問文の形を続ける。

❼❶「あなたとあなたのお兄[弟]さんはその時, 退屈でしたか。」答えの文の主語は, 「私たちは」weにする。

  ❷「ブラウン先生は怒っているように見えましたか。」Ms.は女性につける敬称。Did ～?の疑問文にはdidを使って答える。

  ❸「ショウタはどこでテニスをしていましたか。」に場所を具体的に答える。

  ❹「その時, だれが体育館にいましたか。」に答える。疑問詞が主語の文なので,〈主語 + was[were].〉で答える。

  ❺「あなたは昨夜8時に何をしていましたか。」にI was ….を使って答える。

❽❶ above allは「何よりも」という意味。

  ❷ be動詞の過去の否定文。「…にいなかった」と訳す。… agoは「…前に」という意味。

  ❸ work outは「解決する」という意味。

  ❹〈look + 形容詞〉は「…のように見える」と訳す。surprisedは「驚いた」という意味。

❾❶ 過去の文なので, isを過去形wasにする。

  ❷ 過去進行形の文は〈was[were] + 動詞の-ing形〉で表す。isの過去形はwas。write「書く」はeをとってingをつけ, writingとする。

  ❸「…の大ファンです」は〈be動詞 + a big fan of …〉で表す。主語のIにあわせてbeはamとする。

  ❹ 過去進行形の疑問文はwas[were]を文の最初に置く。areの過去形はwere。sit「座る」はtを重ねてingをつけ, sittingとする。

❿❶「…だった」はbe動詞の過去形で表す。「人気のある」はpopular。

  ❷ What「何」のあとに過去進行形の疑問文の形〈was[were] + 主語 + 動詞の-ing形 …?〉を続ける。「ラジオを聞く」はlisten to the radioで表す。

  ❸「…にいた」はbe動詞の過去形で表す。「放課後」はafter school。

15

pp.50-51 **Step 3**

❶ ❶ Were, busy ❷ was doing
❸ were dancing ❹ doesn't look

❷ ❶ Were, No, wasn't ❷ What was
❸ Where were, were

❸ ❶ Was the book interesting(?)
❷ I was not jogging in the park (then.)
❸ Kate was taking some pictures(.)

❹ ❶ ① were ② was
❷ ⑦ They used them on the court.
④ Yes, they did.
❸ ウ

❺ (以下の中から2つ書かれていればよい)
・(例)Miki's father was washing his[a] cup
at nine last night.
・(例)Miki's mother was reading a book at
nine last night.
・(例)Miki was listening to music at nine
last night.
・(例)Miki's brother was talking on the
phone with his friend at nine last night.

考え方

❶ ❶「…でしたか。」は〈Was[Were]＋主語 …?〉
で表す。「忙しい」はbusy。
❷ 過去進行形は〈was[were]＋動詞の-ing形〉
で表す。
❸ 主語が複数なので，be動詞はwereを使う。
「…に合わせておどる」はdance to …。dance
はeをとってingをつけ，dancingとする。
❹「…のように見える」は〈look＋形容詞〉で表
す。主語が3人称単数で否定文なので，
doesn't lookとする。

❷ ❶A「あなたはその時，体育館にいましたか。」
B「いいえ，いませんでした。私は教室にい
ました。」
❷A「あなたのお兄[弟]さんはその時何をして
いましたか。」B「彼はインターネットでサイ
トを見て回っていました。」Bが具体的な内

容を答えているので，Whatで文を始める。
❸A「彼らは2時間前，どこにいましたか。」
B「彼らはレストランにいました。」Bが具体
的な場所を答えているので，Whereで文を
始める。

❸ ❶ 過去の文なので，isをwasにする。疑問文
は主語の前にbe動詞を出す。
❷ 過去進行形の否定文は〈was[were] not＋動
詞の-ing形〉で表す。jogはgを重ねてing
をつけ，joggingとする。
❸ 過去進行形は〈was[were]＋動詞の-ing形〉
で表す。takeはeをとってingをつけ，taking
とする。

❹ ❶ 本文の内容から，過去の文。
① 主語が複数なので，be動詞はwere。
② 主語が3人称単数なので，be動詞はwas。
❷ ⑦「選手たちはどこで特別な車いすを使い
ましたか。」本文3文目参照。
④「選手たちはとても上手にボールをシュー
トしましたか。」本文4文目参照。
❸ ⑦ 本文1文目に不一致。
④ 本文2文目に不一致。
⑦ 本文6文目に一致。

❺ 絵の人物がしていることを，過去進行形の文
〈主語＋was＋動詞の-ing形 ….〉で表す。
「昨夜9時にミキのお父さんはカップを洗って
いました。」
「昨夜9時にミキのお母さんは本を読んでいま
した。」
「昨夜9時にミキは音楽を聞いていました。」
「昨夜9時にミキのお兄さんは友達と電話で話
していました。」

Lesson 8 ～ Project 3

pp.54-57 **Step 2**

❶ ❶ 試験 ❷ 後ろに(を)；残って
❸ 世代 ❹ たぶん，…かもしれない
❺ 類似した，似ている ❻ 増やす；増える
❼ feed ❽ information ❾ holiday
❿ decide ⓫ window ⓬ share

❷ ❶ ア ❷ ア ❸ ウ

❸ ❶ウ ❷ア ❸イ ❹ア ❺ウ

❹ ❶ are going ❷ will leave

❸ How will, will be

❹ I'm not, clean ❺ Can[Will] you help

❻ make[give], speech ❼ say, again

❺ ❶ was ❷ is ❸ will be

❻ ❶ He's, study ❷ will be

❸ will not ❹ Is, going, practice, isn't

❺ Who will ❻ Where are

❼ ❶ Yes, I am. / Yes, we are.

❷ No, she will not[won't].

❸ She will eat sushi (for dinner).

❹ Takuma and Yuka are.

❺ (例)I'm going to go to the sea with my family.

❽ ❶ 私たちは今度の土曜日にピクニックを楽しむでしょう。

❷ 私は明日，サンドウィッチを作るつもりです。

❸ あさってパーティーに来ませんか。

❹ この学校での女子の総数は増えました。

❾ ❶ I will not watch TV today(.)

❷ We are going to write a letter to our teacher (tomorrow.)

❸ It will be snowy tomorrow morning(.)

❹ Can you teach English to me(?)

❿ ❶ We're going to study in[at] the library after school.

❷ It'll be cold next week.

❸ Can[Will] you carry these boxes?

❹ When will you meet her?

考え方

❶ ❶ examinationを短くした語。

❾ holidayは「国や州など法律で決められた祝日」を指すのに対し，vacationは「休暇や休日」を指す。正しく使い分けよう。

❷ ❶ plás-tic ❷ wéb-site

❸ sit-u-á-tion

❸ ❶ あとに動詞の原形があるので，willまたはam going toが入る。エのbe going toはbeが原形なので不可。主語に合わせてbe

動詞を使い分ける。

❷ 前にwillがあるので，あとの動詞は原形。

❸ 前に主語のshe，あとにtoがあるので，is goingが入る。

❹ 否定文。前にI，あとにgoing toがあるので，I am going to ….の否定文の形。be動詞amのあとにnotがくる。

❺ 相手に依頼するときは，Can you ～?で表す。

❹ ❶ 主語がMark and Iで複数，あとにtoがあるので，are goingを入れる。

❷ 空所の数からwillを使う。主語が何であってもwillの形はかわらない。「家を出る」はleave home。

❸ 「どう」と状態をたずねるときはHowで文を始める。答えの文では，rainyが形容詞なので，be動詞の原形beを使う。

❹ going toが出ているので，be動詞のあとにnotを置いて，否定文にする。空所の数からI amの短縮形I'mを使う。

❺ 「…してくれませんか。」は〈Can[Will] you＋動詞の原形 …?〉で表す。

❻ 「演説をする」はmake[give] a speechで表す。

❼ 「もう一度言う」はsay that againで表す。

❺ ❶ 「きのうは晴れでした。」という文に。過去の文なので，be動詞isの過去形wasを入れる。

❷ 「きょうは雪です。」という文に。現在の文なので，be動詞の現在形isを入れる。

❸ 「明日はくもりでしょう。」という文に。未来の文なので，willのあとのbe動詞は原形のbeになる。

❻ ❶ 「彼は毎日，数学を勉強します。」→「彼は明日，数学を勉強するつもりです。」studiesの原形はstudy。He isの短縮形He'sを使う。

❷ 「彼女は今，忙しいです。」→「彼女は来週，忙しいでしょう。」willのあとはisの原形beにする。

❸ 「私の姉[妹]は明日，早く起きないでしょう。」という文に。willの否定文は，willのあとにnotを置く。

17

❹「ケイトは明日，ピアノを練習するつもりですか。」という文に。be going toの疑問文は，文の最初にbe動詞を置く。答えの文でもbe動詞を使う。

❺「だれがブラウン先生を手伝うでしょうか。」という文に。「だれ」Whoで文を始める。疑問詞が主語なので，語順はそのまま。

❻「彼らは来月，どこに滞在するつもりですか。」という文に。「どこに」Whereで文を始めて，be going toの疑問文の語順を続ける。

❼ ❶「あなた（たち）は来週末，熊本を訪れるつもりですか。」に答える。be動詞の疑問文に対する答え方と同じ。答えの文の主語はIまたはweにする。

❷「佐藤先生は絵をかくつもりですか。」に答える。willの疑問文にはwillを使って答える。will notの短縮形はwon't。

❸「リサは夕食に何を食べるでしょうか。」に具体的に答える。

❹「だれがボランティア活動をするつもりですか。」に答える。疑問詞が主語の文なので，〈主語＋be動詞.〉で答える。答えの文の主語が複数なので，be動詞はare。

❺「あなたは今度の日曜日，何をするつもりですか。」に答える。

❽ ❶ will …は「…でしょう」と訳す。

❷ be going to …は「…するつもりです」と訳す。

❸ Will you …?は「…しませんか。」と勧誘する意味。

❹ the number of …は「…の総数」という意味。

❾ ❶ 否定文なので，〈will not＋動詞の原形〉の形にする。

❷「…に手紙を書く」はwrite a letter to …。

❸ 天気を表す文の主語はit。snowyは「雪の積もった」という意味の形容詞なので，前にbe動詞を置く。

❹「…してくれませんか。」は〈Can you＋動詞の原形 …?〉，「～に…を教える」はteach …to ～。

❿ ❶「放課後」はafter school。語数指定がある

ので，We areの短縮形We'reを使う。

❷ 天候を表す文の主語はit。「寒い」coldは形容詞なので，前にbe動詞を置く。原形はbe。「来週」はnext week。語数指定があるので，It willの短縮形It'llを使う。

❸「…してくれませんか。」と相手に依頼する文は〈Can[Will] you＋動詞の原形 …?〉で表す。

❹「いつ」を表すWhenで文を始めて，willの疑問文の形を続ける。

pp.58-59 Step ❸

❶ ❶ I'll eat[have] ❷ Are, going to
❸ will answer ❹ Can[Will] you open
❺ Pardon

❷ ❶ Will, won't ❷ How, It'll
❸ What is, He's

❸ ❶ Mark will take a bus to the zoo(.)
❷ My father is going to stay in Hawaii next week(.)
❸ Who is going to use this computer(?)

❹ ❶ 今週末，グリーンフェスティバル
❷ a speech
❸ ウ

❺ 以下の中から2つ書いていればよい。

（例）Ken is going to play soccer with his brother next Monday.

（例）Ken is going to practice the guitar next Tuesday.

（例）Ken is going to read a book[books] next Wednesday.

（例）Ken is going to study in[at] the library next Thursday.

（例）Ken is going to make[cook] dinner with his mother next Friday.

（例）Ken is going to help his father next Saturday.

（例）Ken is going to walk his dog(s) next Sunday.

考え方

❶ ❶ 空所の数から I will の短縮形 I'll を使う。

❷ 主語が you なので，be 動詞は are。

❸「…に答える」は answer。

❹「…してくれませんか。」は〈Can[Will] you +動詞の原形 …?〉で表す。

❺ 相手の言うことをもう一度聞きたいときに使う表現。

❷ ❶ A「あなたは明日忙しいでしょうか。」B「いいえ，忙しくないでしょう。」答えの文では will not の短縮形 won't を使う。

❷ A「今度の月曜日は天気はどうなるでしょうか。」B「くもりでしょう。」天気について「どう」とたずねるときは How で文を始める。空所の数から，答えの文では It will の短縮形 It'll を使う。

❸ A「あなたのお兄[弟]さんは今週末，何をするつもりですか。」B「彼は DVD を見るつもりです。」B が具体的にすることを答えているので，A は「何」とたずねたとわかる。

❸ ❶「～まで…に乗る」は take … to ～。

❷「来週」は next week。「…に滞在する」は stay in …。

❸「だれ」とたずねる Who で文を始めて，be going to の疑問文の形を続ける。

❹ ❶ 前のディヌーの質問「あなたはそこにいるつもりですか。」に対する返事。there は1文目の the Green Festival を指す。

❷ it は前に出た単数の名詞を指す。ここでは前文の a speech。

❸ ⑦ 本文3行目に不一致。演説があるのは最終日。

④ 本文3～4行目に不一致。ディヌーは演説をするわけではない。

⑦ 本文5～6行目に一致。

❺ カレンダーの内容を〈Ken is going to +動詞の原形 … next + 曜日.〉で表す。

Reading for Fun

pp.61-63 **Step ❷**

❶ ❶ 穴 ❷ 叫ぶ，大声で言う
❸ ところで ❹ ネクタイ
❺ 壁；へい ❻ 形，姿
❼ follow ❽ (the) ground ❾ little
❿ mean ⓫ careful ⓬ terrible

❷ ❶ ア ❷ ウ ❸ ア

❸ ❶ ウ ❷ イ ❸ ウ

❹ ❶ didn't, at all ❷ he said
❸ How long

❺ ❶ was ❷ cleaned
❸ were swimming ❹ How long does

❻ ❶ 私は公園のそばを歩いていました。
❷ あなたの名前の意味は何ですか。
❸ あなたは30分前どこにいましたか。
❹ ショウタはボールを打ちました。

❼ ❶ It was very cold last week.
❷ What were you doing then?
❸ I bought this bag yesterday.
❹ How long did you study English?

❽ ❶ ① sitting ③ thought
❷ a white rabbit
❸ 川のそば ❹ He looked at his watch.
❺ ア

考え方

❶ ❾ little の反意語は big。

⓬ terrible には「とても」の意味を含むので，very terrible とはふつう言わない。

❷ ❶ bót-tom ❷ dis-ap-péar
❸ súd-den-ly

❸ ❶「『…』と言いました。」は発言の前かあとに〈主語 + said〉を置く。

❷「…していました。」という過去進行形は〈be 動詞の過去形(was[were]) +動詞の -ing 形〉で表す。

❸「…にいました。」は be 動詞の過去形で表す。主語が複数なので，are の過去形 were を入れる。

19

❹ ❶「少しも…ない」はnot ... at allで表す。

❷「『…』と言いました。」は発言の前かあとに〈主語＋said〉を置く。

❸「どのくらい長く」と所要時間をたずねるときはHow longで文を始める。

❺ ❶「私の姉[妹]は今，学生です。」→「私の姉[妹]は3年前，学生でした。」isの過去形はwas。

❷「私は毎日浴室をそうじします。」→「私はきのう浴室をそうじしました。」cleanは規則動詞なので，過去形は-edをつける。

❸「彼らは海で泳ぎました。」→「彼らはそのとき海で泳いでいました。」過去進行形の文にするので，〈be動詞の過去形was[were]＋動詞の-ing形〉の形。主語が複数なので，be動詞はwere。swimの-ing形はmを重ねてingをつける。

❹「ケイトは毎日8時間眠ります。」→「ケイトは毎日どのくらい長く眠りますか。」「どのくらい長く」と所要時間をたずねるときはHow longで文を始めて，疑問文の形を続ける。主語が3人称単数で現在の疑問文なので，〈does＋主語＋動詞の原形 ...?〉を続ける。

❻ ❶過去進行形の文。by ...「…のそばで[に]」

❷意味をたずねるときに使える表現。

❸Whereという場所をたずねる疑問詞があるので，wereは「いました[ありました]」と訳す。

❹主語のShotaが3人称単数なので，現在の文なら，hitはhitsとしなければならない。ここではhitとなっているので，これは過去形だとわかる。時制を正しく判断しよう。

❼ ❶天候を表す文の主語はit。「…だった」はbe動詞の過去形で表す。主語が3人称単数なので，isの過去形wasを使う。

❷「何」をたずねるWhatで文を始めて，過去進行形の疑問文の形〈was[were]＋主語＋動詞の-ing形 ...?〉を続ける。

❸「買う」buyは不規則動詞で，過去形はbought。

❹「どのくらい長く」はHow longで文を始めて，一般動詞の過去の疑問文の形〈did＋主語＋動詞の原形 ...?〉を続ける。

❽ ❶①前にwasがあるので，過去進行形。sitはtを重ねてingをつける。

③前後の話の流れから，過去形にする。thinkは不規則動詞で，過去形はthought。

❷「3語で」という指定があるので，The rabbitではなく本文1行目のa white rabbitと答える。

❸本文1行目参照。アリスは川のそばに座っているときに，白いウサギを見た。

❹「そのウサギは何を見ましたか。」本文2行目参照。

❺㋐本文2〜3行目に一致。

㋑本文4行目に不一致。アリスはついていった。

㋒本文5行目に不一致。アリスは穴に落ちて，不思議の国にたどり着いた。

テスト前 ☑ やることチェック表

① まずはテストの目標をたてよう。頑張ったら達成できそうなちょっと上のレベルを目指そう。
② 次にやることを書こう（「ズバリ英語〇ページ，数学〇ページ」など）。
③ やり終えたら☐に✓を入れよう。
　最初に完ぺきな計画をたてる必要はなく，まずは数日分の計画をつくって，
　その後追加・修正していっても良いね。

	目標

	日付	やること1	やること2
2週間前	／	☐	☐
	／	☐	☐
	／	☐	☐
	／	☐	☐
	／	☐	☐
	／	☐	☐
	／	☐	☐
1週間前	／	☐	☐
	／	☐	☐
	／	☐	☐
	／	☐	☐
	／	☐	☐
	／	☐	☐
	／	☐	☐
テスト期間	／	☐	☐
	／	☐	☐
	／	☐	☐
	／	☐	☐
	／	☐	☐

QRコードのページに登録すると，「ぴたリンク」からも表をダウンロードできるよ

テスト前 ✓ やることチェック表

① まずはテストの目標をたてよう。頑張ったら達成できそうなちょっと上のレベルを目指そう。
② 次にやることを書こう（「ズバリ英語〇ページ，数学〇ページ」など）。
③ やり終えたら□に✔を入れよう。
　最初に完ぺきな計画をたてる必要はなく，まずは数日分の計画をつくって，
　その後追加・修正していっても良いね。

目標

	日付	やること1	やること2
2週間前	／	□	□
	／	□	□
	／	□	□
	／	□	□
	／	□	□
	／	□	□
	／	□	□
1週間前	／	□	□
	／	□	□
	／	□	□
	／	□	□
	／	□	□
	／	□	□
	／	□	□
テスト期間	／	□	□
	／	□	□
	／	□	□
	／	□	□
	／	□	□

キリトリ線

英語1年　三省堂版

QRコードのページに登録すると，「ぴたリンク」からも表をダウンロードできるよ